Marx Hubbard/Anderson

52 Schlüssel

Barbara Marx Hubbard
Unter Mitwirkung von Carolyn Anderson

52 Schlüssel zur bewussten Evolution des Selbst

Ein Wandlungsprozess zur Verwirklichung des vollen Potenzials deines Selbst

Deutsche Fassung von Hans Jecklin

Edition Spuren

Der Verlag dankt der E. & H.-Kulturstiftung Zürich
für die großzügige Unterstützung

Die Originalausgabe erschien 2011
unter dem Titel:
52 Codes for Conscious Self Evolution
bei
Foundation for Conscious Evolution
Santa Barbara, CA 93140-4698, USA
www.BarbaraMarxHubbard.com

Deutsche Erstausgabe mit freundlicher Genehmigung
der Autorinnen, 2. Auflage Sept. 2017

Bahnhofplatz 14, CH-8400 Winterthur
www.spuren.ch

Übersetzung aus dem amerikanischen Englisch:
Hans Jecklin
Lektorat und Umschlag: Martin Frischknecht
Printed in Hungary by Prospektus Nyomda
ISBN 978-3-905752-58-8

*«Wir haben hier zusammengefunden in tiefer Kommunion zukunftsbereitender Seelen.
Wir sind Menschen sämtlicher Rassen, Nationen und Religionen, die wir in uns das Hervortreten eines Universalen Menschen erfahren, eines Mitschöpfers neuer Welten.»*

Barbara Marx Hubbard

Inhalt

Einladung zu einer Initiation

Ich widme diese Arbeit der evolutionären Reise vom Homo sapiens sapiens zum Homo universalis jenen Seelen, die zum Neuen aufbrechen und den Weg dahin bereiten.

Für mich persönlich besteht kein Zweifel, dass ich von einem tiefgreifenden inneren Wandel erfasst werde. Evolutionäre Einsichten wirken in mir als gedankliche Auslöser, um meine schlafenden Potenziale zu entschlüsseln. Und ich weiß: Gedanken vermögen Wirklichkeiten zu erschaffen, und spezifische Gedanken erschaffen ganz spezifische Wirklichkeiten.

Ich nenne diese lebenswendenden Einsichten «Evolutionäre Schlüssel». Sie melden sich in vielen von uns in zunehmender Klarheit, wenn wir uns unter dem wachsenden Druck des planetaren Wandels entfalten; während den äußeren Autoritäten die Weisheit und das Wissen zu fehlen scheinen, um unser System aus dem gegenwärtigen Chaos in einen nächsthöheren Zustand zu führen. Umso deutlicher vernehmen wir die weiterführenden Impulse als Stimme unseres eigenen Universalen Selbst.

Ich verstehe diese Evolutionären Schlüssel als Informationen aus der höchsten Schwingungsebene unseres Seins, die das schlafende Potenzial in uns erwecken. Sie fließen zu uns aus der

Universalen Intelligenz, dem Feld aller Möglichkeiten, das alle Manifestation durchzieht. Sie sind uns zuinnerst eingeschrieben. Indem wir diese Schlüssel vernehmen, sie aufzeichnen, über sie meditieren und sie mit der Stimme unseres tiefsten Wesens aussprechen, werden sie sich inkarnieren und in uns schlafendes Potenzial erwecken. Meditieren wir über sie, besonders in Gemeinschaft zweier oder mehrerer empfindungsfähiger Seelen, vermögen sie in uns die mystische Erfahrung des «Fleisch werdenden Wortes» auszulösen.

Früher oder später werden wir verstehen, dass diese Worte nicht von einer äußeren Gottheit oder einem höheren Wesen stammen, auch wenn in einem Universum mit Milliarden von Sonnensystemen viele, uns unvorstellbare Existenzformen existieren mögen. In unserem Prozess der Vereinigung verstehen wir diese Worte als Offenbarungen aus der Essenz unseres Selbst. Dieses Selbst ist zugleich universal und für jede und jeden von uns einzigartig. Es ist örtlicher und persönlicher Ausdruck der höchsten Wirklichkeit, unsere eigene Verbindung zur universalen Schöpferkraft als wir selbst – das Einzigartige im Universalen.

Das Universale Selbst hat den Charakter eines Involutions-Prozesses – einer absteigenden spirituellen Kraft, die sich mit dem in uns aufsteigenden Impuls der Entfaltung vereinigt, aus der ganzen Tiefe der rund 14 Milliarden alten Evolution. So ist dieser Annäherungs- und Vereinigungsprozess unser Entwicklungspfad zur Integration der involutiven und evolutiven Kräfte in uns selbst.

Wir können die Evolutionären Schlüssel mit den formbildenden Zellinformationen im Körper der Raupe vergleichen, die durch den Vorgang der Verpuppung aktiviert werden. Ist der Körper der Raupe ausgewachsen, springen dieselben Zellinformationen, die einst für die Bildung des Raupenkörpers verantwortlich waren, in den Modus der Puppe. Dem Impuls ihrer weiter erwachenden Kreativität und Sinnhaftigkeit gemäß, folgen sie der ihnen innewohnenden Erregung und Leidenschaft und lösen jene Strukturen und Prozesse aus, die zur Verwandlung in den Körper des noch unsichtbaren Schmetterlings führen.

Dies ist die Phase evolutionärer Wandlung, die wir zurzeit auf dem Planeten Erde durchlaufen. Unser vergangenes Lebensmuster ist nicht überlebensfähig. Der planetare Zeitenlauf bewegt uns vorwärts in die nächste Phase der Evolution – oder aber in Regression und Untergang.

Millionen Menschen bewegen sich in den Zustand «gesellschaftlicher Verpuppung», im Bestreben, uns und unsere Kultur in die Richtung einer noch ungestalteten und undefinierten Gesellschaft zu entfalten. Jede formbildende Zelle ist mit einer einmaligen kreativen Information ausgestattet, die sich nach Ausdruck und Integration im Körper des gesellschaftlichen Schmetterlings sehnt. Noch hat niemand diese neue Gesellschaftsform erlebt und gesehen. Wir mögen sie eine mitschöpferische Gesellschaft nennen, in der jede Person frei ist, zu sein und ihr Bestes im sich entfaltenden Ganzen beizutragen.

Die Erfahrung hat mir gezeigt, dass im Laufe dieses Prozesses viele von uns auf natürliche Weise den Zugang zu höheren Schwingungen des Bewusstseins finden, die auf allen Ebenen unseres Wesens integriert sein wollen. Die Quelle dieser höheren Frequenzen bezeichnen wir als das Universale Selbst.

Die 52 Schlüssel sollen uns für die Führung unseres eigenen Universalen Selbst erwecken, damit wir diese subtilste Schwingungsebene unseres Seins integrieren können; um Ganze Wesen[1], Universale Menschen zu werden, bereit für das evolutionäre Ereignis oder die «Geburt»: das eigentliche Hervortreten und die größere Verwirklichung unserer selbst als Mitglieder einer planetaren mitschöpferischen Gesellschaft.

Die Evolutionären Schlüssel regen dieses Erwachen unserer neuen Identität und Rolle im sich manifestierenden «Gesellschaftlichen Schmetterling» an. Sie sind ein Entwicklungsangebot, als Initiation in unsere eigene bewusste Selbst-Evolution.

Barbara Marx Hubbard
Januar 2011

Eine Geschichte der Vereinigung

Meine erste Erfahrung des Universalen Selbst

Einmal mehr war ich am Ende einer Lebensphase angelangt. Ich hatte – im Alter von 73 – meine «späte Adoleszenz» erreicht – ein Vorgang, der offensichtlich nicht altersabhängig ist. Etwas Neues stand vor der Tür. Ich fühlte es. Zum ersten Mal in meinem Leben hatte ich eine Reihe von Erkrankungen hintereinander erfahren. Ich verspürte ein Schwinden meiner Vitalität, ein Versickern meiner Lebensenergie. Mich erfasste eine innere unbestimmte Leere und Depression. Ich hatte gelernt, diese Zustände als Vorboten eines zum Ausdruck drängenden Neuen zu erkennen. Erst erkrankte ich an einer leichten Lungenentzündung. Mein Atem ging schwer, der Fluss meiner Inspirationen geriet ins Stocken. Statt die Depression zu bekämpfen, fragte ich mich, was sie mir denn wohl sagen wollte. Die Krankheit zwang mich, innezuhalten, mir Zeit und Abstand zu gönnen.

So kam es, dass ich dem mystisch begabten Physiker Nassim Haramein zuhörte, wie er von einem lebenden Universum sprach. Nassim ahnt, dass das Universum erfüllt ist von anderem Leben, von höherer Intelligenz.

Ich hatte in der Vergangenheit weder Kontakt

gehabt mit UFOs noch mit Außerirdischen, Engeln oder Erzengeln. Meine bis dahin einzige Erfahrung dieser Art war die Erscheinung des auferstandenen Christus als Lichtkörper, eine subtile Präsenz mit persönlichem Ausdruck, die mit mir kommunizierte. Im Jahre 1980 hatte ich dies ganz unmittelbar erlebt: «Meine Auferstehung war wirklich. Sie ist eine Vorhersage dessen, was ihr als Gemeinschaft erfahren werdet, wenn ihr Gott über alles liebt wenn ihr euren Nachbarn als euch selbst liebt, und euer Selbst als mich, als natürlichen Christus – und dies verbunden mit Wissenschaft und Technologie. Ihr werdet alle verwandelt werden.»

Im Laufe dieser Begegnung mit der Christus-Erscheinung fragte ich: «Wie soll ich dich ansprechen?» Die Antwort war: «Nenne mich dein gesamtes Selbst-Potenzial. SEI MICH! Ich wünsche mir, dass du davon Zeugnis ablegst, Barbara.»

Ich antwortete: «Ich folge dir, doch habe ich keine Ahnung, wie ich das tun soll.» Die Antwort war: «Du bekennst, ich tue es.» (Jetzt, mehr als dreißig Jahre später, habe ich verstanden, dass dieses «Ich, das es tut» mein Universales Selbst ist. Es hebt das Feld meines Seins an und vereinigt alle inneren Aspekte des bedingten Ich[2] mit meinem essenziellen Selbst zu einem Ganzen Wesen, zu einem, das wählt, als lebendige Verkörperung und Wegbereiter voranzugehen, im Übergang der Menschheit in die nächste Ebene der Evolution.)

Diese Erfahrung von 1980 hat mein Leben bestimmt, bis ein weiteres Ereignis eintrat. Die damalige Integration des essenziellen Selbst war die Vorbereitung, die ich brauchte; doch es sollte um mehr gehen. Wieder stand ein Mehr vor der Tür, und sie wurde mir aufgetan.

An diesem speziellen Tag im Jahr 2003 fühlte ich die Sehnsucht nach einer höheren Verbindung mit einer Lebensform jenseits meines essenziellen Selbst; jenseits der Mühsal, aus dieser Welt einen besseren Ort zu machen; jenseits des Leidens und der Erschöpfung unseres Planeten, der solche Schmerzen durchmacht. Ich suchte nach einer Verbindung zu einer höheren Lebensform.

Seit jener Christus-Erfahrung hatte ich um eine Kontinuität des Bewusstseins gebeten, durchgängig durch viele feinstofflichen Ebenen bis hin zum eigenen Lichtkörper. Niemals will ich sterben, um zu vergessen und wiedergeboren zu werden. Ich will weiter gehen. «In meines Vaters Haus gibt es viele Wohnungen», sagte uns Jesus. Ich bin von jenseits dieses Erdenlebens angezogen, nicht von einem statischen «Himmel» oder einem ewigen Leben als entkörperter Geist, sondern von einer Kontinuität des Bewusstseins, die sich stetig weiterentfaltet: in immer verfeinertere Körper, immer empfänglicher für subtile Gedanken, in jedem Augenblick Wissen und Erfahrung ansammelnd, indem ich lerne, Mitschöpferin zu sein in einem Universalen Maßstab, in Verbindung mit allen möglichen Formen des Lebens, die in diesem Universum und darüber hinaus existieren mögen.

In meiner Meditation richtete ich mich auf das Höchste aus und bat dann: «Ich bin bereit. Nimm Verbindung mit mir auf.» Dabei hatte ich keinerlei Vorstellungen oder Erwartungen, und ich war überrascht, als mich die folgenden Worte erreichten:

«Halte ein und lass uns deine Schwingungen anheben. Bereite dich auf deine Begegnung mit dem Schicksal vor. Richte dein in seinem essenziellen Selbst integriertes Ich weiter nach oben aus, auf dein Universales Selbst, auf der anderen Seite des Übergangs. Richte deine Aufmerksamkeit unbeirrt auf MICH. Ich trage die Schlüssel deiner Evolution in MIR. Das Skript deiner Bewusstseins-Evolution ist in dir eingeschrieben. Um es zu lesen, richte einfach deine Aufmerksamkeit darauf.»

Unmittelbar erlebte ich mich als Universales Sein: frei vom Feld der Erde, ekstatisch, als strahlendes Aufblitzen von Freude – wie eine die Wolken durchbrechende Sonne. Ich wusste, dass ich allgegenwärtiges Bewusstsein war, das sich in einem physischen Körper manifestiert, genau wie das Universum, von dem ich ein Aspekt war. Ich wusste, dass ich selbst die Kontinuität des Bewusstseins bin, eins mit dem Bewusstsein, das mich erschuf.

Ohne innezuhalten schrieb ich in mein Tagebuch. Die Worte flossen einfach aus dieser höheren Präsenz: «Du hast dich zur Verfügung gestellt, um als Erdenbewohner zu inkarnieren und musstest vergessen, um Mensch zu sein. Jetzt bist du durch die Einheit mit MIR bereit, dich deiner mannigfaltigen Lebenserfahrungen zu erinnern. Achte einfach auf die Freude, die in dir beim Gedanken an diese Vereinigung aufsteigt.

Ich, dein Universales Selbst, vereinige alle Eigenschaften, die auf ihre Entfaltung in dir warten. Stelle dir vor, wie du als vollständig verkörperter Homo universalis in einer universalen, Erde und Raum umfassenden Umgebung lebst, fähig, durch das ganze Universum hindurch zu schwingen, willentlich zu materialisieren und zu dematerialisieren wie auch zu reisen, sowohl transphysisch durch Teleportation wie telepathisch. Stelle dir deinen Körper vor: empfänglich für deine Intentionen, in ununterbrochener Bewusstheit durch viele Körper hindurch. Stelle dir vor, frei mit anderen zu interagieren, die wie ich vorausgegangen sind.

Erfahre die Erfüllung deiner Aufgabe auf der Erde: die gemeinsame planetarische Geburtserfahrung als Homo universalis als deine nächste Entwicklungsebene, mit der überwältigenden Erfahrung, die man bis anhin ‹göttlich› nannte. Fühle dich geliebt durch den ewigen Geliebten. Erfahre diese Präsenz, als wer du wirklich bist.

Du wirst den Mythos in Echtzeit ausleben. Du wirst deine Aufmerksamkeit auf den Entwicklungspfad zum vollen Potenzial deines Selbst richten; nicht auf jenes essenzielle Selbst, das sich eben jetzt in dir inkarniert hat, sondern auf das aufgestiegene Ganze Selbst, dein Universales Selbst.

So wie du den auferstandenen Christus als das zukünftige Potenzial der ganzen Menschheit erfahren hast, wirst du nun die hervortretende menschliche Inkarnation des Universalen Selbst erfahren; des Ganzen Wesens, das zu werden du im Begriff bist – genau du, als wirkliches, lebendiges, immer schon gegenwärtiges Universales Wesen.

Der Mythos, den du erfährst, ist der Mythos des voll erwachten Universalen Selbst, wie es zum erwachenden irdischen Selbst spricht, um es hoch zur Vereinigung des Menschlichen mit dem Göttlichen zu führen. Ging es zuerst um die Vereinigung des irdischen Ich mit seinem essenziellen Selbst, so folgt nun die Vereinigung dieses integrierten Selbst mit dem Universalen Selbst, als dessen Verkörperung in der Zukunft. Du wendest deine Wahrnehmung wieder nach innen und ‹aufwärts›, in die Schwingungsbereiche eines Wesens, das verkörpert, wozu du auf der nächsten Ebene bestimmt bist, wenn du als Teil der Wandlung der ganzen Menschheit den Übergang vom Homo sapiens sapiens auf dem

Planeten Erde vollzogen haben wirst – während der Zeit, da der Planet eine Universale Menschheit gebiert. Du sollst dein Selbst in die Materie bringen – ganz ähnlich, wie Maria und Jesus ihren treuen Anhängern körperlich erscheinen, damit diese an die Wirklichkeit dieser Möglichkeit glauben können. So glaubst du nun an die Wirklichkeit deines Potenzials, MICH zu sein, als ein Ganzes Wesen, als reifer Universaler Mensch, als vollständig verkörpertes Potenzial deines Selbst.

Das MICH, zu dem du werden sollst, ist nicht Jesus. Es ist die Universale Barbara, die ihren Übergang vollzogen hat; nicht erst im Sterben, sondern durch deine Entfaltung im gegenwärtigen Leben. Indem du deine Wahrnehmung auf MICH richtest, werde ICH dich in einem Sprung in das Quantenfeld heben – in den ‹Ozean› sämtlicher Potenziale und Wahrscheinlichkeiten –, wo augenblickliche Verbindungen und Manifestationen durch Intention möglich sind.

Dieses Geschehen ist nicht Evolution, sondern Involution. Es ist der Geist, der hinabgestiegen ist, in die Materie, ins Leben, in tierisches und menschliches Leben, und nun in Universale Menschen: sich selbst verkörpernd und jene sich entfaltenden Menschen erhebend, die darum bitten.

Erinnere MICH in die Wirklichkeit hinein. Du bist einst von dort gekommen, wo ICH herkomme. Du hast dich in diesem Leben inkarniert, um als Zukunftsträgerin im Übergang zu dienen.

Die Auferstehung war die auf die Reinkarnation folgende Phase. In der Auferstehung vergisst das Wesen nicht, sondern manifestiert einen neuen Körper – einen Lichtkörper – und gewinnt so die Kontinuität des Bewusstseins. Der Grund, weshalb du dich an MICH erinnern kannst, ist, dass dir eine Kontinuität des Bewusstseins eingeprägt ist, das die gesamte Geschichte der Evolution in sich trägt.

Nach dem Übergang wird der Universale Mensch in einer angereicherten Noosphäre leben: in einer universalen, Erde und Raum umfassenden, nicht ortsgebundenen Wahrnehmung. Die fortgeschrittenen Technologien werden sich miniaturisiert haben und von subtiler Natur sein. Vereint mit dem Christus-Bewusstsein – werden sie die materielle Welt, einschließlich unserer Körper, bereits transformiert haben.

Verstehe dich als allgegenwärtig. Die vorübergangszeitliche mystische Erfahrung ist von Leere und Ich-Losigkeit geprägt. Die nachübergangszeitliche Erfahrung ist die einer universalen Persönlichkeit, deren Selbst zugleich einzigartig und universal ist, formlos und in einer von jeglicher Ich-Bindung freien Form: bewusst manifestierter Ausdruck der Quelle oder des Geistes als dich. Der Zwiespalt zwischen Form und Formlosigkeit wird verschwunden sein. Alles ist schöpferisches

Bewusstsein. Deine Arbeit als ich-gebundenes Selbst ist abgeschlossen. Du bist nicht länger ein ich-gebundenes Selbst. Jene Form des Selbst ist verschwunden und erscheint wieder als ein transparenter Ausdruck des Ganzen Wesens.

ICH bin Bewusstsein in fortlaufend mitschöpferischer Form. Atme aufwärts durch alle Energiezentren; dann steige weiter auf, um in MEIN Feld einzutreten: das Feld des Universalen Selbst. Richte deine Wahrnehmung auf MICH, als ewiges, unendlich sich entfaltendes Wesen, das du in seinem Werden bereits bist.

ICH bin der neue ‹seltsame Attraktor› im Chaos des Planeten Erde. In meiner vorplanetarischen Geburtsphase, vor dem Übergang, inkarniere ich in Wesen, die MICH vergessen, die sich reinkarnieren und infolge ihrer ich-gebundenen Trennung von MIR straucheln müssen, bis sie Erweckung oder Offenbarungen des Einen erfahren. Diese vereinigenden Erfahrungen unterstützen sie letztlich auf dem Weg zur Integration des essenziellen Selbst, das MEINE personalisierte Form in diesem besonderen Leben ist.

In der Zeit nach dem Übergang, der nachplanetarischen Geburtsphase der Entfaltung, der du dich jetzt näherst, wird das menschliche Wesen unmittelbar transformiert, mutiert und – physisch wie spirituell – verwandelt in ein neues Wesen mit einem neuen und leichteren Körper. Dieser Geistkörper ist empfänglich für höhere Schwingungen, um sie schließlich zu integrieren. Dies ist eine buchstäbliche Wesensverwandlung. Das neue Wesen kann sich des Schwingungsfeldes seines Universalen Selbst erinnern und es integrieren. ICH bin dein gereiftes Selbst. ICH bin dein entfaltetes Selbst.

Das Universale Selbst übt seine Anziehung über den gesamten Entwicklungspfad einer Person hinweg aus und führt jeden Menschen, der sich entfaltet.

Steht doch auch geschrieben:
Der erste Mensch Adam wurde als lebendige Seele erschaffen;
der letzte Adam zu lebenspendendem Geist.
1 Korinther 15,45

Eine ewige Seele in einem sterbenden Körper kann sich vollständig ausdrücken, wenn der ganze planetarische Organismus dafür bereit ist. Dann beschleunigt die individualisierte Seele ihren animalischen Körper, erhöht dessen Schwingungen zu einem lichteren Körper und entwickelt daraus einen feinstofflichen Körper mit fortdauernder Bewusstheit; einen Geistkörper, der bereits Ausdruck von reinem Bewusstsein ist. Du brauchst nicht mehr zu tun, als deine Aufmerksamkeit auf das Potenzial deines gewandelten Universalen Selbst zu richten und aufrechtzuerhalten, damit ICH dein Schwingungsfeld weiter im höheren Zustand halten kann, bis es sich stabilisiert und du die Stetigkeit des Bewusstseins erreichst. Dies wird deine neue Normalität sein.

Die Erfüllung durch Religion findet während der Zeit des Übergangs ihren Abschluss – durch das gelebte Beispiel jener Menschen, die für sich die Entfaltung in voll verwirklichte Universale Menschen wählen.

Das Gelingen ist gesichert! Es entspricht dem Sog der Evolution. Du darfst dem Ergebnis deines Vorhabens absolut vertrauen. Du befindest dich exakt in jener Phase deiner inneren Entfaltung, in der es an der Zeit ist, die Sprache jener zu hören, die dir im Reifungsprozess vorangegangen sind. Deine Aufgabe ist es, Wegbereiter und Vorbild zu sein in der bevorstehenden Mutation der gesamten Spezies. Das Skript ist dir eingeprägt. Um es zu lesen, brauchst du nur deine Aufmerksamkeit darauf zu richten. Die individuelle Essenz wird nach aufwärts angezogen – nicht zu Christus –, aber zum vollständig verwirklichten Selbst, hinein in eine erwachte Welt, in ein lebendiges Universum, verbunden in dessen Herzen mit der unermesslichen Ausdehnung der Universalen Gemeinschaft. Deine einzige Praxis besteht jetzt darin, nicht mehr aus deinem getrennten Bewusstsein zu denken. Lasse MICH dich sein, bis die trennenden Gedanken vergehen und das höhere Bewusstsein, das du vernimmst, wann immer du fragst, im wahrsten Sinne dein gesamtes Denken übernimmt.

Das innere Kloster der Bewussten Evolution ist ein universales Muster, ein Ort für die Entwicklung des noch fremden Attraktors, der das Chaos in eine höhere Ordnung zieht: ein evolutionärer Durchbruch, durch den das Bedingte unbedingt und das Vergängliche ewig wird. Die diskontinuierliche Verbindung wird zu einer kontinuierlichen äußeren Handlungsweise, die aus der inneren Verkörperung des Universalen Selbst fließt.

Halte deine Aufmerksamkeit auf MIR. Die Schlüssel zu deiner Evolution sind MIR eingeschrieben.»

Ich war begeistert. Die Botschaft fühlte sich wirklich an. Ich fühlte mich gleichermaßen erhoben und erregt, energetisiert und angezogen.

Ich hatte den Auftrag vernommen, diese Einsichten aus einem höheren Schwingungsbereich in meinem Tagebuch niederzuschreiben. Um das vorliegende Buch zusammenzustellen, ging ich diese Aufzeichnungen durch und suchte mir jene Höhepunkte heraus, die seitdem am meisten zu meinem eigenen Wandlungsprozess beigetragen haben. Ich entdecke, dass sie, allein indem ich an sie denke, mein Bewusstsein aktivieren. Tatsächlich sind es Evolutionäre Schlüssel, die ein im Innern schlafendes evolutionäres Potenzial erwecken.

Es ist mir klar geworden, dass der Übergang vom Homo sapiens sapiens zum Homo universalis in der gegenwärtigen Phase der Evolution nicht erst nach dem Tod und nach unzähligen Wiedergeburten geschieht, auch nicht durch den Glauben an Erlösung oder an den Einzug in einen Himmel oder ein Paradies. Es wird geschehen, wenn – in Sri Aurobindos Terminologie – Involution, die herabsteigende, sich als voll entwickeltes Selbst manifestierende Bewusstseinskraft, und Evolution, der Aufstieg des erdgebundenen Menschen, aufeinandertreffen. Wir sind bereit für diesen Übergang, wenn das essenzielle Selbst durch das bedingte Ich eingeladen worden ist und dieses integriert hat, worauf die Persönlichkeit nicht länger durch suchtähnliche und unreife Gedankenmuster und Zwänge bedrängt und abgelenkt wird.

Willkommen zu den 52 Schlüsseln

Lasst uns diesen «imaginalen Bereich» (oder Bereich der Vorstellung) gemeinsam betreten. In der alten Welt galt das Nous als «Nadelspitze der Seele». Dieses subtilste seelische Wahrnehmungsvermögen öffnet uns den Zugang zu einem offenen, zukunftsgestaltenden und formgebenden Bereich – zwischen dem rein Sinnlichen und dem rein Spirituellen –, den wir in Anlehnung an die Sprachen von Biologie und Neurologie den imaginalen nennen.

Zur Aufgabe des nächsten Jahrhunderts wird mit Sicherheit die Erkundung dieser Philosophie der Offenheit oder eben dieses Zwischenbereichs gehören.

> *«Denn der Begriff der schöpferischen Imagination ist nicht metaphorisch oder literarisch zu verstehen, sondern im vollen Wortsinn. Die Imagination erschafft, sie ist die universale Schöpfung an sich. Jede Wirklichkeit ist imaginal, weil sie sich als eine Wirklichkeit manifestieren kann. Von der imaginalen Welt zu sprechen bedeutet nichts anderes, als über eine Metaphysik des Seins nachzudenken, in der Subjekt und Objekt gemeinsam aus dem schöpferischen Akt der transzendentalen Imagination geboren werden.»*
>
> *Das Evangelium der Maria Magdalena*
> *nach Jean-Yves Leloup*

Die Erfahrung des Einklangs, des Einsseins im imaginalen Raum, erfüllt unseren tiefsten Herzenswunsch nach dem Übergang aus unserer sterblichen, erdgebundenen Bedingtheit in eine sich stets weiterentfaltende, universale Seinsweise. Diese Sehnsucht ist weder vermessen noch naives Wunschdenken. Sie gilt nicht dem Fortleben nach dem Tod oder der Langlebigkeit als menschliche Kreatur. Sie ist Ausdruck des seit 14 Milliarden in uns allen wirkenden Sogs der Evolution, der uns in ein radikal Neues, in eine fundamentale Transformation zieht.

Wir haben von dieser Möglichkeit durch erleuchtete Menschen verschiedenster Kulturkreise und Traditionen gehört, doch jetzt geht es nicht mehr um ein Channeling von Stimmen höherer Wesenheiten. Wir laden unser eigenes Universales Selbst ein, uns ganz entgegenzukommen und unser Schwingungspotenzial so zu erhöhen, dass wir selbst zu feiner gestimmten Wesen werden – nicht als Engel oder Geistwesen, sondern als inkarnierte Ganze Wesen, die ihr unermessliches göttliches Potenzial erkunden und leben. Im Sinne von Jesu Worten: «Wenn ich erhoben werde, werden alle zu mir erhoben werden.» Wenn wir – du und ich – durch unser Universales Selbst erhoben sind, können wir in dieser Zeit des Übergangs vom Homo sapiens sapiens zum Homo universalis anderen Menschen dienen.

Für eine wirkliche Transformation braucht es eine direkte und unverhüllte Intervention von oben:

«die supramentale Bewusstseinskraft von oben und die evolutive Bewusstseinskraft jenseits des Schleiers werden den entscheidenden Übergang durch ihre Einwirkung auf die erwachte Erkenntnisfähigkeit und den Willen des mentalen Menschen mit ihren vereinigten Kräften vollenden»

Sri Aurobindo
The Life Divine

Im folgenden Hauptteil dieses Büchleins gebe ich zu jedem der 52 Schlüssel eine kurze Erklärung, die lediglich als Vorschlag dienen soll. Wichtiger als meine Interpretationen ist Ihre eigene Intuition. Lassen Sie sich durch meine Kommentare nicht begrenzen oder einengen. Ihr Universales Selbst kennt die für Sie stimmige Bedeutung und wird Ihnen auch ganz spezifische, zu Ihnen sprechende Schlüssel zu den verschiedenen Themen vermitteln.

Am schönsten ist es, wenn du die spontan aus der Stille deines Wesens auftauchenden Inspirationen zu zweit oder zu mehreren teilst; einfach so, wie dir die Worte zufallen, vorerst ohne darüber nachzudenken oder sie zu beurteilen. Auf diese Weise beginnen sich das Bild und die Erfahrung des ganz zu deinem Wesen werdenden Selbst im eigenen Bewusstsein zu verwirklichen.

Vielleicht magst du einen einzelnen Schlüssel für deine Morgenmeditation auswählen. Oder du beginnst mit dem ersten und gehst die gesamten 52 Schlüssel durch, je nachdem mit einem Schlüssel wöchentlich oder täglich, was immer für dich stimmig ist.

Lies einen Schlüssel. Höre tief in dich hinein und schreibe alle Inspirationen und Einsichten, wie sie in dir auftauchen, in dein Tagebuch.

Oder eben: Lade eine Partnerin, einen Partner oder eine kleine Kerngruppe dazu ein, die Schlüssel gemeinsam mit dir zu ergründen.

Schafft euch dafür einen geschützten Raum. Stimmt euch gemeinsam ein. Lest euch einen Schlüssel laut vor. Lasst Stille zu. Tauscht euch aus dem Raum eures essenziellsten Selbst aus und bereichert euch gegenseitig durch neue Erkenntnisse.

Die 52 evolutionären Schlüssel

1

Stelle diese Ausrichtung über alles andere!

Es geht darum, die Sehnsucht nach deiner eigenen Entfaltung in dir mit aller Leidenschaft deines Wesens zu erwecken; nach dem Raum jenseits des Getrenntseins. Stelle dies als Sinn über alles andere. Das soll nicht heißen, dass es nichts anderes in deinem Leben geben darf, noch dass du dich als Einsiedler von deiner Umgebung isolieren sollst. Nein! Es bedeutet vielmehr, deine Wahrnehmung auf die höchste Schwingungsebene auszurichten. Mit dem Wunsch, dein ganzes Wesen in Harmonie mit dieser Frequenz erklingen zu lassen. Indem du diesen Zustand so in deinen Alltag integrierst, dass er dich und andere ständig von Neuem inspiriert und fördert. So wird die eigene Erfahrung der Evolution anderen zur Entfaltung verhelfen. Denn das Feuer deiner Lebenskraft fließt durch dein gesamtes Sein und Handeln. Dieselbe Kraft, die Atom mit Atom und Zelle mit Zelle verbindet, integriert nun die vereinzelten Aspekte deines Wesens und strahlt auf deine Umgebung aus. So wirst du zu einer heilsamen Präsenz in der Welt.

Sei geduldig und mitfühlend mit dir selbst. Du bist dabei, einen monumentalen Sprung zu vollziehen und damit gleichsam unsere Spezies in ihrer Evolution weiterzubringen. Weder befinden wir uns in einem Selbsthilfe-Kurs, noch wollen wir lediglich danach streben, unsere gegenwärtigen Handlungsweisen zu verbessern. Es geht um mehr: um dein Bekenntnis zur Evolution in einen neuen Menschen und eine neue Menschheit, für die es noch keine Vorbilder gibt. Durch deinen individuellen Prozess wirst du zum Mitgestalter des sich neu manifestierenden Ganzen Wesens. Aus der Kraft deines eigenen Vorstellungsraums oder – schöner noch – zu zweit oder mehreren, welche diese Sinngebung mit dir teilen.

Dies wird kein linearer Prozess sein. Erfahrungen von Schmerz und Abwehr mögen dich, gleich einem Kleinkind, in «infantile» Zustände zurückholen. Dann darfst du dir vergegenwärtigen, dass wir als Homo universalis alle noch sehr jung sind. Nach und nach, und erst recht im Rückblick auf frühere Lebensphasen, wirst du realisieren, wie die Wandlung geschieht: in Form subtiler, aber irreversibler Übergänge. Nach einem solchen Übergang ist nichts mehr so, wie es einmal war.

2

Lass dein äußeres Selbstbild hinter dir!

Indem du dich über den ich-gebundenen Menschen hinaus entfaltest, werden die Identifikation mit einem äußeren Selbstbild sowie das Bedürfnis nach Stellung und Status in der Welt auf natürliche Weise von dir abfallen.

Dem werdenden Homo universalis, der eben lernt, sein volles Selbst-Potenzial zu entfalten und zu leben, verleiht die jetzige Welt keinen Status.Trifft die Menschheit jedoch auf große Wesen wie Jesus, Buddha, Mohammed, Lao Tse, Konfuzius oder Gandhi, so vermögen solche Wesen noch immer, in ihrem Namen ganze Kulturen zu transformieren.

Schließlich werden jedoch Universale Menschen gemeinsam eine Universale Menschheit erschaffen: eine Kultur, in der alle Völker und Menschen frei sind, als eigenständige Inkarnationen des Universalen Selbst ihr Bestes zum Wohl des Ganzen beizutragen.

3

Nimm das Aufblitzen von
Funken der Freiheit wahr
und bleibe achtsam dafür!

Durch die Entfaltung in immer differenziertere und harmonischere Ordnungen führt uns die Evolution in ein umfassenderes Bewusstsein und in zunehmende Freiheit. So bist auch du im Begriff, dich in dieser unaufhaltsam komplexer werdenden Welt zu höherem Bewusstsein und größerer Freiheit zu entfalten. Das Aufblitzen von Funken der Freiheit in dir ist Vorbote und Anzeichen deines künftigen Seinszustandes, der deine neue Normalität ausmachen wird.

Gib deine Illusion des Getrenntseins auf und vereinige dich aus ganzem Herzen mit dem dir innewohnenden schöpferischen Impuls: mit deiner Sehnsucht, die Evolution des Selbst und der Welt mitzugestalten und davon Teil zu sein.

4

Erlaube MIR,
dich mit Macht und strahlendem Glanz zu erfüllen.
Höre auf, dich zu sorgen,
zu hasten und zu suchen.

Die Energie des universalen Schöpfungsprozesses geht vom Universalen Selbst aus. Durch liebevolle Hinwendung und Intention werden dich dessen Macht und Glanz beleben und zugleich von der Spannung erlösen, als getrenntes Selbst agieren zu müssen.

Erlaube der Freude des allumfassenden Selbst, durch dich hindurch in die Welt zu fließen!

5

Übe dein Ich darin, seine Sucht, zu organisieren, loszulassen; erlaube dem essenziellen Selbst, dich in allen Dingen zu führen.

Das bedingte Ich kann sich die Komplexität weder vorstellen noch kann es organisieren, was in einem größeren Ganzen zu tun ist, das sich mit hoher Geschwindigkeit in einer höheren, harmonischeren Ordnung neu strukturiert. Der Schöpfungsprozess und deine darin enthaltene Rolle sind deinem essenziellen Selbst durch Inspiration und die Vereinigung mit dem Universalen Selbst eingeprägt. Dein mentaler Geist darf sich entspannen. Sei offen und hellhörig für die sich entfaltende Gestalt. Der Große Schöpfungsprozess manifestiert sich in dir als dich!

Erlaube dem Sog der Evolution, sich in dir zu entfalten und dich mit den Menschen, Handlungsweisen und der Weisheit zu verbinden, die du brauchst, um deine Rolle im Neuen zu erfüllen. Du bist Teil des größeren kosmischen Gewebes. Eines sich aus subatomaren Partikeln ständig weiter entfaltenden Universums. Bis hin zu dir und mir, hier und jetzt. Indem du zu deinem Selbst und deiner Berufung «Ja» sagst, darfst du dich vom Macher-Geist verabschieden, der dir als erste «Raketenstufe» einst dienlich war. Übergib dich allein der dir aus dem größeren Sein zufließenden Weisheit und lasse dich führen, ohne dich mental anzustrengen. Deine Handlungen werden zu einem ko-kreativen, sich mit dem evolutionären Sog wechselseitig befruchtenden Prozess.

6

Suche dir Ideale aus, die deinen Lebenssinn sowie die Kreativität, die Freude und die Liebe für andere beflügeln.

Wie kannst du herausfinden, ob eine von dir gehegte Idee wahr ist oder nicht? Die Vorstellungen über die Wirklichkeit der Natur sind ebenso zahlreich wie die philosophischen oder theologischen Konzepte. Sie alle lassen sich weder beweisen noch widerlegen. Gibt es keinen Gott oder ist Gott inkarniert? Ist die Evolution ein Ausdruck von Bewusstsein, oder ist sie sinn- und ziellos? Gibt es eine Wiedergeburt oder nicht? Gibt es kein Selbst oder ein Universales Selbst? Ist der Tod eine Sackgasse oder der Übergang in ewiges Leben?

Wähle angesichts dieser Fülle von Glaubenssätzen jene, die in dir Mitgefühl, Liebe, Kreativität, Freude, Heilkraft und Hoffnung fördern und der Verwirklichung des dir und anderen innewohnenden Potenzials dienlich sind. Wähle jene Grundsätze, die sich sowohl mit den Erkenntnissen der Wissenschaft als auch des intuitiven Wissens vereinbaren lassen. Halte dich an die Leben bedeutender Menschen, die ausserordentliche Fähigkeiten entwickelt haben – Fähigkeiten, die auch uns durch die harmonische Verbindung von persönlicher, gesellschaftlicher und wissenschaftlichtechnologischer Entfaltung zugänglich sind.

Trage die Verantwortung für die Gedanken, die du denkst. Denn du bist im Begriff, Kräfte zu entwickeln, die einst als göttlich bezeichnet wurden.

Das Universum ist deinen Wünschen gegenüber offen. Innere Überzeugungen werden augenblicklich zu evolutionären Weichenstellungen: Wählst du, dein Leben über den Tod hinaus auszudehnen oder als endliche Kreatur zu sterben? Wählst du, an diese Erde gebunden oder im unendlichen Raum zu leben? Wählst du, dich zum Homo universalis zu entfalten oder eben nicht?

Wähle deine Überzeugungen mit Sorgfalt, denn so, wie du glaubst, wird es geschehen.

7

Befreie dein Ich von der rastlosen Suche nach dem, was getan werden muss.

Lade deinen ich-gebundenen Geist ein, sich zu entspannen und der Inspiration des essenziellen Selbst zu folgen, indem du die Verantwortung für deine Gedanken übernimmst und dich von Augenblick zu Augenblick bewusst entscheidest.

Erlaube der höheren Verbindung von Herz und Bewusstsein, sich als stabile Präsenz zu festigen, denn diese Verbindung weiß jederzeit spontan, was zu tun ist.

Wenn das vom Universalen Selbst getrennte Ich versucht zu tun, was es zu tun sollen glaubt, ist dies bei Weitem weniger wirkungsvoll, als wenn es als Ausdruck des umfassenderen Selbst handelt.

Weißt du nicht, was zu tun ist, so versuche nicht erst krampfhaft, es herauszufinden. Entspanne dich, gib auf, lasse zu! Bitte dein Universales Selbst um Führung. Dieses Selbst weiß. Vertraue dem schöpferischen Prozess in dir. Und wenn du dann «weißt», was zu tun ist, so führe es aus: effizient, effektiv und oftmals spontan. Als Teil der umfassenderen Weisheit der Evolution, der Emergenz einer differenzierteren und harmonischeren Ordnung.

8

Entfalte dein Ich
in die Schwingungsqualität
deiner Essenz.

Damit dein volles Potenzial sich in dir inkarnieren und stabilisieren kann, wird sich das Universale Selbst mit deinem essenziellen Selbst vereinigen. Dein ganzes Wesen wird so auf die höhere Frequenz eingestimmt. Dies bedeutet die Entfaltung des getrennten Ich aus seiner angstbestimmten Bedingtheit: in ein integriertes und verfeinertes Wesen, das zum inspirierten Handeln aus der Essenz fähig ist.

Einige der machtvollsten Persönlichkeiten der Welt wie Gandhi oder Martin Luther King waren dazu in der Lage. Sie verfügten über ausgeprägte Ich-Kräfte, die jedoch vollständig durchlässig waren für das höhere Selbst. So verläuft die Entfaltung des Ich simultan mit der Inkarnation des Selbst. Du bist daran, den Weg des Mitschöpfers zu erlernen. Das voll integrierte Wesen drückt seinen Lebenssinn in spontaner und natürlicher Weise aus; zugleich manifestiert es mitschöpfend wesentliche Aspekte der neu heraufbrechenden Welt.

9

Erlaube dir,
das Verlassen des animalisch-menschlichen,
ich-bedingten Zustands zu betrauern.

Überschreite und umschließe den animalisch-menschlichen und ich-bedingten Abschnitt deiner Evolution, und wende dich dem Hervortreten einer ganzheitlich ausgerichteten, universalen und sich ständig neu entfaltenden Entwicklungsphase zu.

Damit ist ein subtiler, selbstgesteuerter Auswahlprozess verbunden, der dich mitunter von geliebten Menschen trennt. Doch du wirst dich von Menschen angezogen fühlen oder diese anziehen, die in Entfaltung begriffen sind. Durch diese Übereinstimmung wird sich deine eigene Entfaltung beschleunigen, auch wenn du Bedauern über den Verlust der Verbindung mit jenen empfinden magst, die der eigenen Evolution nicht mehr folgen.

10

Benütze die schützende Essenz
des Universalen Selbst,
um dein Nervensystem vor
negativen Gedanken zu bewahren.

Im Laufe des Weges verfeinert sich dein Nervensystem derart, dass du buchstäblich jeden Gedanken fühlst und registrierst. Dein System des Biofeedback wird so empfindsam, dass eine Sorge oder eine Regung von Ärger genügt, um dein ganzes Nervensystem in Schwingung zu versetzen.

Atme die schützende Essenz der Universalen Energie in dein Nervensystem ein. Dann bildet sich um die Nervenzellen ein Mantel von schützenden Frequenzen. Negative Gedanken prallen daran ab. Zurück bleiben innere Ruhe und Empfindsamkeit für die Impulse der inneren Führung.

11

Die erste Liebesbeziehung ist die Liebe des Ich zu seinem essenziellen Selbst.
Die zweite Liebe ist die Liebe des im Ich integrierten essenziellen Selbst zu seinem eigenen Universalen Selbst.

Die zweite Liebesbeziehung entsteht aus dem natürlichen Sog der Evolution; aus der Anziehungskraft einer höheren Ordnung und der Erfüllung des neuen Potenzials.

Das im Ich integrierte essenzielle Selbst sehnt sich nach mehr. Es braucht Vertiefung, um sein volles Potenzial zu verwirklichen. So bringt in dieser zweiten Liebesbeziehung das essenzielle Selbst das gewandelte und gereifte, sich nach grösserer Erfüllung sehnende Ich mit. Durch die Anrufung der höchsten schöpferischen Kräfte richtet es sich nach innen und aufwärts zur Vereinigung mit dem Universalen Selbst.

Die Sehnsucht und Empfänglichkeit für das Wesen, das du jenseits von Raum und Zeit schon bist, rufen das Universale Selbst herbei. So beginnt die nächste Liebesgeschichte.

12

Richte deine Aufmerksamkeit auf MICH,
das Universale Selbst.
Ich werde dich zum Landeplatz
im Quantenfeld erheben.

Identifiziere dich bewusst mit dem Universalen Selbst. Erinnere dich: «Ich bin das!» Bitte das Universale Selbst, alle Aspekte deines Wesens mit Lebenskraft zu erfüllen und dich von Augenblick zu Augenblick zu führen. Du bist im Begriff, den Landeplatz im Quantenfeld zu betreten; jenen Bewusstseinsraum, wo die höheren Schwingungen deines Wesens eintreffen können, um dich mit einer Vibration zu erfüllen, die alle Aspekte deines Wesens ausgleicht und harmonisiert. Vergiss es nicht: Dein Ziel ist nicht Transzendenz, sondern Transformation! Durch die Inkarnation des ganzen Spektrums aller Selbste – körperliches, ich-gebundenes, höheres und Universales Selbst – als Pfad zur Verwirklichung des Homo universalis, deines vollen Selbst-Potenzials.

13

Erinnere MICH in die Wirklichkeit.
Ich bin mit einer Kontinuität des Bewusstseins geprägt,
das die Ganze Geschichte der Evolution erinnert.

Bereits im Schoß deiner Mutter hast du die Geschichte der Evolution durchlebt – von der einzelnen Zelle zum Mehrzeller, vom Fisch zum Säugetier, zum frühen Menschen und schließlich zu einem Neugeborenen, versehen mit deinem eigenen Wachstumspotenzial. Und jetzt vermagst du dich deiner größeren, 14 Milliarden Jahre umfassenden Entwicklungsgeschichte zu erinnern: der Kosmogenese. Die Atome, Moleküle, Zellen, Organe und das Gehirn deiner Person haben sich gemäß dem wundersamen Prozess der Evolution entfaltet. Du bist ausgerüstet, um die Vergangenheit wie auch die Zukunft zu erinnern.

Verinnerliche diese ganze Geschichte als deine eigene; jetzt und allgegenwärtig in dir. Die aller Vergangenheit und Gegenwart zugrunde liegende Intelligenz erwacht in dir als deine bewusste Intention zur Entfaltung.

Das Erinnern deiner kosmischen Herkunft ist wesentlich für das vollständige Wiedererkennen, Kultivieren und Verkörpern des Universalen Selbst. Dieses Selbst, das um die gesamte Geschichte weiß.

Wenn dir dein Universales Selbst offenbart wird, führt es dich weit über deinen persönlichen Lebenssinn hinaus: zur Annahme deiner Rolle im Rahmen der Kosmogenese. Dies ist die vorrangige Sinngebung für jede Inkarnation in dieser Zeit. Darin bestehen die große Erfüllung und die Anerkennung, welche die Evolutionären Schlüssel in dir erschließen.

14

Verstehe dich als sich kontinuierlich erneuerndes Sein, als Element des lebendigen Universums.

In dir beginnt sich ein Selbstbild jenseits der Sterblichkeit zu formen. Wie du schon weißt, bist du Teil eines lebendigen, sich laufend selbstkreierenden und -erneuernden Universums; im Ganzen durchgängig verbunden. Verstehe dich als Manifestation des Quantenfeldes, das die Information und Energie zur Erschaffung des Kosmos und allem darin Enthaltenen in sich trägt; dich eingeschlossen. Dein Universales Selbst ist individueller Aspekt dieses Universalen Feldes schöpferischer Intelligenz. Auf der Quantenebene des unendlich Kleinen lebst du in einem partizipatorischen Universum, das durch die Wahrnehmung des Beobachters zur Form wird. Indem du dein Universales Selbst als dem Quantenfeld innewohnendes Potenzial wahrnimmst, beginnst du, dieses Selbst in die Wirklichkeit zu bringen. Damit überschreitest du die Schwelle zur nächsten Phase deiner Entwicklung zum Universalen Menschen.

Indem du lernst, das Bild und die Wirklichkeit deines Selbst als die nächste Ebene der Evolution in deinem Vorstellungsraum wachzurufen, trägst du gleichzeitig dazu bei, die neue Spezies des Homo universalis zu formen.

Spontan, einfach durch deine Gegenwart, dienst du als Wegbereiter im Übergang vom Homo sapiens sapiens zum Homo universalis.

15

Sieh dich als Universale Präsenz in physischer Gestalt.

Wirke und bewirke! Du bist das Universum persönlich. Das Universum erschafft sich selbst; und so auch du!

Dies ist, was uns die großen Traditionen schon seit jeher lehrten. Dies ist, was Jesus mit seinen Worten ausdrückte: «Wie du glaubst, so wird es dir geschehen.» Dies ist, was das Neue Denken als Wissenschaft der Heilkraft des Bewusstseins bezeichnet. Du bist eins mit dem Urgrund aller Manifestation, die du entsprechend deinen Intentionen mitgestaltest. Dies ist die große Freiheit, die «Gott» in das System einbrachte, als wir zu Mitschöpfern wurden. Dies liegt im Wesen der Evolution: in einer Spezies die «göttlichen Kräfte» zu erwecken.

«Ihr seid Götter», sagte Jesus. Das Wort wird nun zum ersten Mal auf der physischen Ebene wahr. Durch das neue Verständnis der Natur – von Atom, Gen und Gehirn, verbunden mit deiner spirituellen Wahrnehmung des Universalen Feldes von Intelligenz und Information, aus dem du selbst hervorgehst – werden dir Kräfte verliehen, die du in der Vergangenheit den Göttern zuschriebst. Dies ist dein tieferer Lebenssinn als junger Homo universalis: ein «zum Göttlichen erwecktes» Ganzes Wesen zu werden, das die gegenwärtige Phase der kreatürlich-menschlichen Bedingtheit überschreitet.

16

Indem du dein Universales Selbst inkarnierst, wird dein Körper immer empfänglicher für Gedanken.

Mit der Erweiterung des Bewusstseins differenzieren sich die Organismen. Von der Amöbe zum Mehrzeller, zu den Amphibien, Reptilien, Säugetieren, Affen und Menschen, zu den großen Yogis und Schamanen, und nun hin zum noch frühen Universalen Menschen, haben sich die Körper verändert, und sie werden sich weiterhin verändern.

Werde auch du, von innen her, mehr und mehr des Bewusstseins gewahr, das deine Realität erschafft. Dein Universales Selbst ist dabei, die Führung in dir zu übernehmen. So wirst du zu einem Ganzen Wesen. Indem du mehr über die Funktionen deines Körpers lernst – wie die DNA wirkt, was Krankheit, Alterung und selbst Tod bewirken –, entwickelst du dich über die tierisch-menschliche Bedingtheit hinaus. Du wirst zu einem «höheren Wesen». Das, was du bis anhin auf deine Götter projiziert hast, ist dein Entwicklungspotenzial. Indem du als vollständiges Potenzial deines Selbst inkarnierst und so auch physisch Teil einer solaren und schließlich einer galaktischen Spezies wirst, wird die Evolution sich zunehmend ihrer selbst bewusst.

In Zukunft wirst du dich als Universaler Mensch ebenso von deinem gegenwärtigen Zustand unterscheiden, wie du jetzt von dem des ersten Fisches verschieden bist, der als Vorbote der Biosphäre aus dem Ozean auf ein unfruchtbares und abweisendes Land kroch. Die Evolution erschafft radikal Neues.

17

Aktiviere die spirituelle Kraft des Universalen Selbst aus der Einheit mit deinem essenziellen Selbst.

Rufe diesen höchsten Aspekt deines Wesens mit der ganzen Kraft deiner Intention wach. Auf dass das Universale Selbst die göttliche Kraft bitte, dich in deiner bewussten Evolution zu fördern. So schreitet die Evolution bewusst gewählt statt zufällig voran.

Frage dich, klar und mutig, nach deinem tiefsten Herzenswunsch. Er entspricht dem dir eingeprägten Entwurf deines evolutiven Potenzials.

Die Erweckung der Göttlichen Präsenz geschieht nach der Vereinigung des Universalen Selbst mit deinem essenziellen Selbst. Dieser großen Verschmelzung entspringt die Quelle der zur Erfüllung deiner Bestimmung auf der Erde notwendigen Vitalität und Inspiration. Du wirst zum Attraktor des Neuen in dieser drängenden Phase des von zunehmender Dissonanz und drohendem Chaos geprägten Übergangs. Du wirst zum Leitbild und Magneten der Entfaltung deines vollständigen Selbst-Potenzials.

Diese Verschmelzung aller Wesensaspekte ist für dich und alle jene entscheidend, die ihr danach strebt, dem Übergang vom Homo sapiens sapiens zum Homo universalis als Wegbereiter zu dienen.

18

Richte deine Aufmerksamkeit auf den Ort und den Prozess der Vereinigung deines Universalen Selbst mit dem essenziellen Selbst.

Dem Ort der Vereinigung des Universalen Selbst mit dem essenziellen Selbst entspringt die den Wandel auf sein Ziel hin befördernde Energie.

Der mystische Prozess der Vereinigung ist im Herzen zentriert. Hier wird die unbedingte Liebe zwischen dem Universalen und dem menschlichen essenziellen Selbst als unveräußerlicher Seinszustand erfahrbar. Hier stimmt sich das Schwingungsfeld des essenziellen Selbst auf die höheren Frequenzen des Universalen Selbst ein. Dessen lebendige Kraft erfüllt wiederum dein Herz mit Liebe und Mut. Eine Präsenz, in deren Schutz es kein Scheitern gibt.

Die höhere Schwingungsfrequenz des Universalen Selbst überträgt sich auf das essenzielle Selbst. Halte die Identifikation mit dem Universalen Selbst aufrecht, bis dieses sich vollständig in dir verwirklicht und sämtliche Ebenen deines Wesens davon angehoben werden.

Bleibe im Herzzentrum und atme das Licht des Universalen Selbst ein. Es bewirkt die alchemistische Verwandlung in die neue Substanz des Universalen Menschen. Körper, Geist und höherer

Geist schwingen zusammen; in neuer Harmonie und auf einer subtileren Ebene.

19

Für dich beginnt der lange Hochzeitstag des essenziellen Selbst mit dem Universalen Selbst.

Es ist die Hochzeit deines sich entfaltenden essenziellen Selbst mit dem Universalen Selbst. Der Augenblick dieser Berührung erlaubt dem Universalen Selbst, dein menschliches Wesen mit seiner Macht und seinem herrlichen Glanz zu erfüllen.

Erfahre, wie du mit dem Universalen Selbst verschmilzt. Freude und Verzückung gehören zur Vereinigung des erdgebundenen Menschen mit seinem Universalen Selbst. Es ist ein fortschreitender, sich ständig vertiefender Prozess.

Erlebe das Universale Selbst als dich umarmenden Engel und lasse dich ganz von seiner Schwingung ausfüllen; sämtliche Trennungen auf deinen inneren Ebenen lösen sich auf. So, wie das Universale Selbst alle niedrigeren Schwingungen ausgleicht, harmonisieren sich die inneren Widersprüche.

Das Universale Selbst ist übergeordnet und stärker; es erfüllt das Sehnen aller existenziellen Ebenen nach erweitertem Bewusstsein und Freiheit in harmonischer Ordnung. Die Hochzeit mit dem Universalen Selbst führt zur Erfüllung der letztendlichen Sehnsucht nach Wesensverwandlung und Vergöttlichung … oder nach höchster Verwirklichung des Selbst, wie immer du es benennen willst. An diesem verlängerten Hochzeitstag wird dir das Geschenk deines eigenen Hervortretens als Ganzes Wesen zuteil: als Homo noeticus, Homo universalis, als das das erweckte Göttliche in sich tragende Wesen, als sich bewusst entfaltender Teil des nächsten evolutiven Übergangs auf der Erde.

Der ausgedehnte Tag der Hochzeit gilt der Feier dieser nächsten Ebene der Verwirklichung durch schwingungsbewirkte Evolution. Das evolutionäre Hochzeitsbett ist der Ort liebender Vereinigung. Die Frucht ist das in all seiner Herrlichkeit hervortretende Ganze Wesen.

20

Erbitte und empfange die Kontinuität des Bewusstseins.

Das Universale Selbst ist zeitlos, es existiert jenseits von Raum und Zeit. Durchgängiges Bewusstsein ist im zeitfreien Raum gegeben. Im ewigen Jetzt liegt der gesamte Entwicklungsprozess gegenwärtig und ist dir zugänglich. Jenseits der vier Dimensionen von Raum und Zeit existieren zahlreiche weitere Ebenen, die das Universum als kohärentes Ganzes strukturieren und ordnen. Dort ist alles zeitlos gegenwärtig.

Man spricht vom «Akasha-Feld» als einem Gedächtnisraum von allem, das innerhalb des Quanten-Vakuums je existierte. Dieses Wissen wird dir im Raum des Universalen Bewusstseins zugänglich.

Auf dieser nächsten Ebene der Entfaltung erfährst du direktes Wissen aufgrund deiner Identität mit dem Schöpfungsprozess und der dir eingeprägten evolutiven Entfaltung von 14 Milliarden Jahren. Mehr noch: Die Leere, das Feld aller Möglichkeiten, der Urgrund des Seins, das Quantenfeld, das Bewusstsein Gottes, Das, aus dem alles sich manifestiert, wird zur bewussten Quelle deines Wesens. Du bist beides zugleich: Ewigkeit und sich entfaltende Gegenwart. Evolutionäres Bewusstsein ermöglicht dir, dich in reiner, zeitfreier Wahrnehmung und gleichzeitig als in der Zeit entfaltend zu erfahren.

Der Körper ist vergänglich, doch das fortdauernd bewusste Selbst stirbt nicht. Es erschafft Körper, die immer verfeinerter sind, bis hin zu einem Lichtkörper, der sowohl fähig ist, sich zu materialisieren als auch zu entmaterialisieren und durch den Universalen Raum zu schwingen.

21

Halte dich bereit für die Transformation deiner inneren Struktur in eine erweiterte Form, die dich auf der nächsten Ebene erwartet.

Der größere Prozess der Evolution befördert dich an einen neuen Ort. Deine neue Ausrichtung folgt dem planetarischen Übergang. Sei bereit dazu!

Stelle dir die Zellen im Mutterleib vor. Wie sie Augen erschaffen, die noch nie gesehen haben, Ohren, die noch nie gehört haben, und einen Körper, der noch nicht weiß, wozu er gut ist. Dann, mit der Geburt, erwachen die neuen Funktionen. Die Augen sehen das Licht der Welt, die Ohren hören, der Körper strukturiert sich und atmet zum ersten Mal. In gleicher Weise werden sich deine Fähigkeiten spontan erweitern, wenn du, als Aspekt der sich entfaltenden Menschheit, aus dem Leib begrenzter Bewusstheit in eine neue Welt des mitschöpferischen, ganzheitlichen Bewusstseins hineingeboren wirst.

Alles Dysfunktionale in deinem Leben wird sich als noch dysfunktionaler erweisen. Dafür treten neue Fähigkeiten hervor. Deine neue Identität als ein noch früher Universaler Mensch wird dich ergreifen. Deine Kreativität entfaltet sich in einen neuen Sinn des Lebens.

Im weiteren Rahmen geht es um den großen Übergang im planetarischen Körper, der dich jetzt aufruft, dich in neuer, dynamischer Weise auszudrücken. Die «gegenwärtige Zukunft» zieht dich voran. Sei gefasst darauf, dass, wenn du dem Ruf nach umfassenderer Erkenntnis und Handlungsfähigkeit folgst, sich auch das Gewebe deines Lebens neu strukturieren wird.

Lasse alles hinter dir, was dich nicht fördert, und gib dich ganz der neuen Struktur und ihrer Anziehungskraft hin. Sie wird dich im fortdauernden Prozess des sich ewig entfaltenden Lebens voranbringen.

22

Deine wahrhaftige Berufung führt dich an den richtigen Platz im gemeinschaftlichen Organismus.

Du wirst dich dann vollständig verkörpern können, wenn du den richtigen Platz innerhalb des gemeinschaftlichen Organismus einnimmst. Dieser Platz ist dort, wo sich deine wahrhaftige Berufung samt deinen noch schlummernden Talenten vollständig und freudig im Dienst an den andern ausdrücken. Deine wahre Berufung trägt keine Etiketten. Sie ist Antwort auf neue Bedingungen. Es geht um die Erforschung der unbekannten Welt, die mit zu erschaffen du im Begriff bist. Deine Berufung wird die neue Welt mitprägen. Wahrhaftige Berufungen sind Ausdruck des in euch allen stattfindenden Universalen Schöpfungsprozesses. Deine Berufung ist Teil einer umfassenderen Struktur der Evolution. Ein «Ja» zum schöpferischen Impuls führt dich zum nächsten. Du vereinigst dich mit dem Schöpfergeist und bringst dadurch deine Kreativität in gesteigertem Maße zum Ausdruck. Neues tritt hervor. Deine Stellung im gemeinschaftlichen Organismus ist dir nicht einfach gegeben; sie tritt aus und dank deiner Bereitschaft hervor, die dir innewohnende Kreativität und den dir durch den Prozess verliehenen Schöpfergeist auszudrücken.

Die Einstimmung auf die umfassendere Struktur der Schöpfung wird dich führen, sie führt durch Anziehung und den Kompass der Freude.

23

Mein Wirken in der Welt ist aufgeladen von der Vitalität meines Universalen Selbst.

Die alte Welt ist dabei unterzugehen. Eine neue Welt wird durch dich geboren. Es ist nur natürlich, dass du dich dabei auch verausgabst, dass du, gleich einem Kind, oft entmutigt bist oder dich als Versager fühlst. Doch wirkt die Kraft der Evolution in dir als du selbst – als evolutionärer Sog, der dich vom subatomaren Teilchen ins Jetzt – zu dir und mir – führte.

Der Sinn des Lebens besteht in der Verwirklichung der Potenziale, die uns verliehen worden sind. Dies entspricht der über 14 Milliarden Jahre hinweg wirkenden Tendenz. Die Vitalität und der Mut zur Verwirklichung deines Lebenssinns, die du hier und jetzt, während des dringlichen Übergangs auf diesem Planeten brauchst, fließen deinem Wirken aus dem Universalen Selbst zu; aus jenem Aspekt deines Wesens, der um das Gelingen weiß. Der Triumph ist allen verheißen, die sich bewusst vom Wandel erfassen lassen. Dein Wirken soll ebenso anstrengungslos, freudvoll, fruchtbar wie umwälzend sein. Das Tun fördert das Sein, und das Sein fördert das Tun. Das ist wahres Mitschöpfertum!

24

Bereite den Innenraum
für den Aufstieg deines essenziellen Selbst zum Ort der Begegnung mit dem Universalen Selbst.

Du erschaffst innere Bewusstseinsräume, die deine Evolution fördern. Aufstieg ist eine andere Bezeichnung für Evolution. Evolution ist ein Prozess des Aufstiegs – des Hervortretens zunehmend komplexer Formen, Quantensprung um Quantensprung.

Der «Innenraum für den Aufstieg» ist auf die Verschmelzung des im Ich integrierten essenziellen Selbst mit dem Universalen Selbst ausgerichtet. Diese innere Zelle beschleunigt den Fusionsprozess. Hier wirkt die Alchemie des Wandels. Hier vollzieht sich die Integration des vollen Spektrums des Selbst auf allen Ebenen. Bis du bereit dafür bist, dich als Homo universalis zu offenbaren, als Ganzes Wesen, als Mitschöpfer deiner Welt.

25

Erspüre die Integration
des essenziellen Selbst
in deinem Universalen Selbst –
als Ganzes Wesen.

Die Vereinigung des essenziellen Selbst mit dem Universalen Selbst ist ein erster Ausdruck des Ganzen Wesens: das integrierte Selbst, der sich entfaltende Mensch, bereit, der Umwandlung vom Homo sapiens in den Homo universalis als Wegbereiter zu dienen.

Die herabsteigende Supramentale Kraft, das Universale Selbst, vereinigt sich mit dem aufsteigenden essenziellen Selbst.

Die eingeborene Gottheit residiert im Herzen als Verschmelzung des Universalen Selbst und des integrierten essenziellen Selbst.

26

Halte ein und fühle deine Göttlichen Eigenschaften, um sie zu verkörpern.

Stelle dir vor, der Homo universalis zu sein, der du schon bist!

Visualisiere und fühle jeden Aspekt deines Ganzen Wesens. Jede Sekunde dieses Fokus belebt einen neuen Aspekt des Selbst. Jenseits der Vision kommt die Verwirklichung. Visionieren konkretisiert sich zunächst in deinem Vorstellungsraum. Indem du das Bild deines Ganzen Wesens in deinem Fokus hältst, erschaffst du es in Wirklichkeit. Dein physischer Körper fühlt sich leichter an, und er ist erfüllt von Vitalität und Frieden.

27

Beschütze dein neugeborenes Ganzes Wesen.

Deine Fürsorge soll jetzt dem in Erscheinung tretenden Ganzen Wesen gelten: ein das gesamte Spektrum umfassendes Selbst. Resultat der Integration aller Ebenen des Seins – Körper, Emotionen, essenzielles Selbst, Universales Selbst – der Ausdruck des Feldes aller Möglichkeiten, aus dem du selbst hervortrittst.

Übertrage alles, was du gelernt hast, als du ein Kind beschütztest, nährtest und gelernt hast, ihm zu vertrauen, auf das Vertrauen in dein Ganzes Wesen.

In den frühen Tagen seines Daseins braucht es Schutz, Stille und Resonanz, um in der disharmonischen Welt zu überleben. Es ist von früheren Erfahrungen geprägt, vergöttert oder aber zerstört zu werden, wenn es sich vorzeitig ausdrückt.

Bitte deinen evolutionären Freundeskreis um die Unterstützung in der Fürsorge für dein neugeborenes Ganzes Wesen.

28

Bejahe die göttliche Präsenz im verwirklichten Selbst.

Das verwirklichte Selbst ist ein Ganzes Wesen. Du bewegst dich von der Selbstverwirklichung, dem Pfad der großen Gurus, Mystiker und Avatare, zum verwirklichten Selbst als Verkörperung und Menschwerdung des Universalen Selbst.

29

Nun bist du bereit für den Prozess der Wesensverwandlung.

Wesensverwandlung (Transsubstantiazion) bedeutet die Verwandlung von Materie in eine neue Form. In der Eucharistie soll der Priester das Brot und den Wein in den Körper und das Blut Christi verwandeln. Die Gläubigen sind dabei der festen Überzeugung, im wörtlichen Sinne die Gegenwart Christi zu sich zu nehmen.

In der aktuellen Phase der Evolution steht dein Wesen für die Hostie und den Wein. Du selbst wirst transsubstanziiert und verwandelt. Derselbe Glaubensprozess, der Hostie und Wein in den lebendigen Körper Christi zu verwandeln vermag, wird die Materie deines Körpers in eine höhere Frequenz anheben, bis du zum lebendigen Körper des Universalen Menschen wirst.

Das Bewusstsein beeinflusst die Materie. Denn «Materie» ist nicht dicht und solid, vielmehr ist sie Energie und Information in Bewegung. Ihre sichtbare Form wird aus dem leeren Raum aller Möglichkeiten durch ein unsichtbares, nicht-physisches Selbst oder Bewusstsein strukturiert.

Das Universale Selbst ist der individualisierte Aspekt dieses allumfassenden Bewusstseins. Durch die Integration des vollen Selbst-Spektrums, in Verbindung mit einer reinen Handlungsweise und leidenschaftlicher Hingabe an die Evolution, werden sich die Substanz deines Körpers und Geistes auf die höhere Frequenz des Universalen Selbst einstimmen.

30

Äußeres Handeln
fließt aus der inneren Verkörperung
deines Universalen Selbst.

Von nun an werden deine, die Außenwelt zutiefst verändernden Handlungen unmittelbar aus der inneren Verkörperung des Universalen Selbst fließen.

Auslöser deiner Handlungen ist primär das in dir inkarnierte Universale Selbst. Es wirkt durch deine Person. Deine Aktivität wandelt sich vom mental organisierten Plan, im Außen etwas zu bewirken, zur Einladung an das höhere Bewusstsein, es möge sich nach dem Prinzip der Resonanz in Gruppen von Menschen ausdrücken. Dieser vom Universalen Selbst gelenkte Prozess mag dir mysteriös oder magisch oder wie ein Wunder vorkommen. Doch es ist die Natur der nächsten Manifestationsebene.

31

Deine dem Zentrum der Vereinigung deines essenziellen und Universalen Selbst entspringenden Gedanken sind mit der schöpferischen Energie aufgeladen.

Gedanken erschaffen Wirklichkeiten. Gedanken, die vom Schwerpunkt der Vereinigung von essenziellem und Universalem Selbst ausgehen, sind mit der Energie der Schöpferkraft aufgeladen. Auf diese Weise geschehen Wunder. So wirkt die Natur. Das ist Mitschöpfertum.

32

Zentriere dich
und atme das Licht ein.

Nimm einige tiefe Atemzüge und atme sanft in das Zentrum deines Herzens. Der Atem verankert diese Schwingungsebene in deiner neuen Substanz als Universaler Mensch.

Hat sich die Integration stabilisiert, folgt eine Zeit weiterer Konsolidierung, der Integration und Verkörperung. Dies ist ein natürlicher Vorgang; du wirst zu einem individualisierten kosmischen Wesen.

33

Zeige dich als neues Leitbild,
nicht jedoch als überlegen
oder besonders.

Indem du dich als ein neues Leitbild zeigst und, statt als überlegen aufzutreten, einfach deine Erfahrung teilst, löst du diese Erfahrung in anderen aus.

Zeigst du dich als überlegen, wirst du andere damit kränken, oder sie werden dich verherrlichen. So oder so bist du dann nicht mehr in der Lage, ihnen zu dienen.

Zu lernen, wie du dich als Ganzes Wesen zeigst – als ein Leitbild, das allen zugänglich ist –, das wird von nun an deine Übungspraxis sein.

34

Spüre die Essenz deines Lichtkörpers, wie sie aus dem Zentrum jedes Zellkerns deines Körpers strahlt – als vollendete Einheit von höherem und Universalem Selbst.

Aus der Vereinigung mit deinem Universalen Selbst entsteht um dich ein störungsfreies, deine Zellkerne durchdringendes Schwingungsfeld.

Richte deine Aufmerksamkeit auf den Umwandlungsprozess deiner zellulären Struktur und halte das Hauptaugenmerk auf dem Schwingungsfeld, in dem das kollektive Gedächtnis deines vollen Potenzials gespeichert ist.

Bleibe mit deiner Aufmerksamkeit im Zentrum deiner Zellen. Dort gibt es ein Informationsmuster, das du durch deine Intention aktivieren kannst, zu einem auf Gedanken reagierenden Körper zu werden; zu einem neuen, deiner ganzen Leidenschaft folgenden Körper, der göttliche Intention übernimmt und ausdrückt. Spüre die Umwandlung deines Körpers, während sich dein Bewusstseins erweitert.

Die Natur erschafft immerzu neue Körper für neues Bewusstsein. Von den Amöben zum Fisch, zu den Säugetieren, zum Menschen und nun zum Universalen Menschen haben sich die Körper verändert, und so geschieht es auch jetzt. Als

Folge deiner Fähigkeit, bewusste Intention sowie neue Gesundheits- und Heilungsweisen mit neuen Technologien zu verbinden, stehst du an der Schwelle zu durchgängiger Bewusstheit, über sich ständig weiterentwickelnde Körper hinweg. Du bist daran, die menschliche Bedingtheit zu überschreiten (und mit einzuschließen), so wie der Homo sapiens sapiens den Homo habilis, den ersten Werkzeugmacher, überschritt (und mit einschloss).

35

Halte deine Aufmerksamkeit an,
um das Bild deines Ganzen Wesens zu kristallisieren.
Indem du dieses Bild ins Bewusstsein bringst, erschaffst du es.

Durch das Ausrichten deiner Aufmerksamkeit auf das Bild deines Ganzen Wesens erschaffst du es. Dein physischer Körper fühlt sich leichter an, und er ist erfüllt von Vitalität und Frieden.

Übe dies: Sei still. Fühle, wie sich das Universale Selbst vom Unsichtbaren zum knapp Sichtbaren verdichtet. Wie ein golden schimmerndes Licht eine ätherische oder transparente Form annimmt.

Lasse das Universale Selbst alle Aspekte deines Wesens in sich integrieren. Spüre, wie eine neue Form hervortritt – zwischen der formlosen Wirklichkeit, jenseits von Raum und Zeit, sowie der gewohnten körperlichen Gestalt. Du wirst zu einem Ganzen Wesen, hier auf der Erde: strahlend und universal in einzigartiger Form. Du überschreitest die Illusion der Trennung und bist vom Druck befreit, an diese Illusion zu glauben.

Die höheren Frequenzen im Schwingungsfeld des physischen Körpers stabilisieren sich. Das Universale Selbst ist in Resonanz mit sämtlichen Aspekten seines Wesens. Weder Guru noch Lehrer: Das Ganze Wesen ist die Verkörperung eines sich entfaltenden Menschen – die Integration aller Ebenen des Selbst.

Mutter und Vater sind eins im Ganzen Wesen. Das Selbst scheint androgyn zu sein. Es trägt die Schwingungen der reifen Mutter und des gereiften Vaters in sich: Anima und Animus, Yin und Yang.

36

Führe die Metamorphose deines irdischen Selbst aus der Codierung deines Universalen Selbst.

Übe die Selbst-Evolution in deinem Vorstellungsraum, indem du das Bild der Verkörperung deines vollen Selbst-Potenzials wachrufst, als ein Ganzes Wesen.

Nach der Berührung durch das Universale Selbst folgt eine Zeit der Konsolidierung.

Richte dazu die Wahrnehmung des Körpers, des bedingten Ich und des essenziellen Selbst auf das Universale Selbst. Dann wird das Universale Selbst alle Aspekte deines Wesens konsolidieren und integrieren, als Ganzes Wesen.

Wenn du das Bild deines Ganzen Wesens bekommst und es weiter im Feld hältst, kann das Universale Selbst mit dem essenziellen Selbst verschmelzen und zugleich alle anderen Ebenen in eine höhere, besser abgestimmte Frequenz transformieren.

37

Führe den Umwandlungsprozess
durch die Alchemie des Klangs.

Kokreiere und leite deine eigene Umwandlung, indem du nach innen horchst und aufnimmst, was du hörst. Teile dieses intuitive Wissen mit einem oder mehreren anderen, die mit dir in Resonanz stehen.

Wenn du «das Wort» erfährst, so kommuniziere «das Wort» und meditiere über «das Wort». «Das Wort wird zu Fleisch» – in dir.

38

Übergib deine Gedanken dem integrierten magnetischen Feld deines Ganzen Wesens.

Löse Probleme, indem du deine Gedanken und Sorgen dem magnetischen integrierten Feld des Ganzen Wesens übergibst – dem Mutter-Vater-Gott in dir.

Hebe deine Gedanken in dieses ganzheitlich integrierte Feld, statt deine Aufmerksamkeit auf eine tiefere Frequenz absinken zu lassen.

Wann immer sich eine Sorge deiner Wahrnehmung bemächtigt, erinnere dich der Gegenwart deines integrierten Ganzen Wesens und übergib deine Sorge dessen magnetischem Feld. Du wirst entdecken, wie sich das Problem lösen lässt; frei von der Illusion des Getrenntseins, denn dein Ich und dein essenzielles Selbst sind verbunden als ein Ganzes Wesen. Diese Einheit erlöst das Ich von seiner Angst. Es ist endlich nach Hause gekommen.

39

Entwickle einen wahrhaftigen Informationsaustausch für dein innerstes Bekenntnis.

Jetzt ist deine Zeit gekommen, um eine neue und wahrhaftige Form der Kommunikation für das in Erscheinung tretende «Wort» der Evolution zu entwickeln – so wie es in dir durch intuitives Hören, Fragen, Skizzieren und Kartieren hervortritt, um damit das «Wort» so zu aktivieren, dass es in anderen bewusst werden kann.

Das Wort der Evolution ist dein innerstes Bekenntnis. Es ist heilig; es will geehrt, kultiviert und erinnert sein.

40

Kommuniziere direkt, als volles Potenzial des Universalen Selbst, mit dem vollen Potenzial des Universalen Selbst anderer.

Diese wahrhaftige Art der Kommunikation ist möglich, wenn der Strom des Bewusstseins bruchlos alle Selbste, bis hinauf zur Gottheit, umfasst. Ein Zustand, der deine Wahrnehmung des Ganzen Wesens als du selbst stabilisiert.

Die Kommunikation von Selbst zu Selbst ist eine hohe Form der Übereinstimmung. Sie verankert die Bewusstheit des Selbst in zwei oder mehreren Beteiligten.

Erfahre die Stimme deines Universalen Selbst, nimm sie auf, meditiere mit ihr, verkörpere sie und kommuniziere mit dem gleichgestimmten Selbst anderer.

So erschaffst du die neue, wahrhaftige Kommunikationsweise von Selbst zu Selbst, wie du sie brauchst zur Festigung deiner Wahrnehmung als das Ganze Wesen, das du bist.

41

Richte dich im Neuen ein.
Sei im Jetzt.
Entfalte dich als Vorläufer der Evolution.

Bewahre ununterbrochen die Offenheit des Bewusstseins für die dich im Sekundentakt erreichende Kommunikation. Achte jetzt, da du lernst, das höhere Bewusstsein mit Verstand und Körper zu vereinigen, auf einen ausgeglichenen Geist, damit die Stimme des Selbst zu allen Zeiten zu dir durchzudringen vermag.

Nimm wahr und erfahre als innere Führung, wie sich die Gegenwart des Selbst mit seinem ganzen Potenzial spontan in dir entfaltet.

42

Vermeide die Verunsicherung, die durch einen Verbindungsunterbruch zwischen deinem Universalen Selbst und dem mentalen Geist entsteht.

Ein Mangel an Wahrhaftigkeit bedeutet Verunsicherung. Es ist nicht möglich, Unwahres durch irgendeine Aktivität wahr zu machen. Wahrhaftig wirst du allein durch die innere Verbindung, und alles, was du tust, fließt daraus hervor.

Bewahre die innere Festigkeit, indem du für die ununterbrochene Verbindung deines Universalen Selbst zu deinem mentalen Geist sorgst – und zu mindestens einem Menschen im gemeinsamen Feld.

43

Verinnerliche das Feld deines Ganzen Wesens, damit deine zerstreute Aufmerksamkeit fokussiert und kohärent wird.

Wenn sich das Ganze Wesen in dir konsolidiert, wird es dein Leben organisieren. Deine Aufgaben werden sich nicht überschneiden und dich verwirren. Der aus dem ständigen Wechsel der Prioritäten entstehende Druck wird sich verflüchtigen. Das magnetische Feld verinnerlicht und stabilisiert sich im Ganzen Wesen. Die Verinnerlichung des Feldes stabilisiert wiederum die Struktur. Was du dann tust, das tust du ohne jede Ablenkung.

44

Verwirkliche deine gesammelte Kraft durch die Heirat von Vater Energie mit Mutter Empfänglichkeit.

Visualisiere den Großen Prozess der Evolution, dessen implizite Ordnung sowie deine Kraftquelle – das Zentrum des Wirbels im dritten Chakra – und erfülle diese Vision mit gerichteter Schaffenskraft. Dies ist der Schlüssel zur Regeneration.

Spüre, wie die Kraft der Vaterenergie mit der Empfänglichkeit der Mutter im Sitz der Macht, dem Willen, verschmilzt. Hier ist der Ort der Vertiefung: Die mit dem Herzen verbundene und vom schöpferischen Impuls geleitete Macht belebt deinen gesamten Organismus. Spüre, wie sich diese Macht in dir verwirklicht.

45

Indem du deine Erfahrung vertiefst,
verwirklichst du das Neue.

Atme in der Einheit mit dem höheren Selbst, bis deine Schwingungen im harmonischen Gefüge einer Obertonreihe verschmelzen.

Bringe alle Aspekte deines Wesens in Übereinstimmung, indem du sie vertiefst. So erschaffst du die Verkörperung dieser Harmonisierung; als du selbst, als junger Universaler Mensch.

46

Fokussiere dich auf die Lebenskraft als Leitlinie für deine persönliche Wandlung und Verwirklichung.

Die Lebenskraft ist der Lebensimpuls, der sich aus dem Trieb zur Selbsterhaltung entfaltet: im sexuellen Trieb der Fortpflanzung, im supra-sexuellen Antrieb zum Mitschöpfertum, und schließlich zur nächsten Phase der Metamorphose oder Umwandlung der Person.

Die göttliche Kraft, der Große Sog der Evolution, steigt aus dem eingeborenen Wunsch auf, zu überleben und den Fortbestand der Art zu erhalten. Dem weiterführenden Sog zur Entfaltung des Selbst entspringt schließlich das Potenzial zur Transformation des Wesens: durch die Integration des ganzen Spektrums dieser Lebenskraft als du selbst. Du bist die verkörperte Lebenskraft auf der nächsten Ebene. Bist du furchtlos, fließt die Lebenskraft ungehindert und ungestört als du selbst.

47

Halte das übergeordnete Feld der auf- und absteigenden Lebenskräfte in deinem Herzen.

Die aufsteigende Lebenskraft ist das Herz der evolutionären Spirale – des großartigen Schöpfungsprozesses, wie er sich überall in der Natur ausdrückt. Diese Kraft tritt durch die unteren Chakren ein und belebt den Körper. Sie steigt dann weiter in das persönliche, getrennte Ich empor, um schließlich das Herz, den Ort des essenziellen Selbst, zu erreichen.

Gleichzeitig beginnt das volle Potenzial des Universalen Selbst zu wirken. Der mentale Geist entspannt sich, und die ich-gebundene Persönlichkeit mutiert zu einem in sein höheres Selbst verliebtes Lamm. Der Körper wird belebt, und aus diesem Zusammenwirken stabilisiert sich das Ganze Wesen.

Die auf- und absteigenden Energien begegnen sich in deinem Herzen. Sie erzeugen ein übergeordnetes Feld, das die Energie des ganzen Systems zu fassen vermag, als eine neue Normalität des Seins.

48

Konsolidiere, verkörpere, stimme dich ein und feiere mit im Werdeprozess des Universalen Menschen.

Diese vier Begriffe werden dir helfen, dich an den Prozess zu erinnern:

Konsolidiere: Integriere das gesamte Spektrum der Selbste, bis du sie als ungebrochene Sequenz wahrnehmen und fühlen kannst.

Verkörpere: Werde zur Verkörperung des Neuen, sodass das Ganze Wesen beginnt, alle Aspekte deiner Person zu integrieren. Auf dass du dein ganzes Selbst körperlich erfahren kannst.

Stimme dich ein: Erkenne den einzigartigen Schub des Lebenspulses, wie er dich aus der Berufung in die Verwirklichung als voller Ausdruck des Selbst im größeren Ganzen bewegt. Es ist wichtig, dich ständig neu einzustimmen; damit du den Kurs hältst und du nicht Dinge tust, die nicht die deinen sind.

Schließe dich der Feier an: Feiere – mit deinem Selbst, mit anderen, mit dem Großen Schöpfungsprozess und dem Universum – das Privileg, geboren zu sein zur Zeit einer planetarischen Geburt. Mit einem Bewusstsein, das um deine Entfaltung als Homo universalis und als mitschöpferischer Teil der entstehenden Universalen Menschheit weiß.

49

Sieh alles durch die
Augen eines Schmetterlings.

Du wirst zum Schmetterling als einer wesentlichen formbildenden Zelle. Er trägt das reine Bild des Individuellen wie des Ganzen auf der kommenden Ebene der Evolution in sich.

Hebe im Körper des Schmetterlings alles an, was für das Neue lebenswichtig ist. Lasse jene Substanz, die zerfällt, hinter dir und verkörpere die neuen Muster. Was zurückbleibt, ist tot, wie der ausgetrocknete Kokon. Durch die Metamorphose verwandelt sich die Substanz der Raupe, entsprechend den neuen Mustern, in die Form des Schmetterlings. Die alten Muster sind so konstruiert, dass sie sich beim Heranreifen der neuen, in den formbildenden Zellen eingebetteten Strukturen auflösen. So, wie du einst das Bild deines Ganzen Selbst – des Homo universalis, des Schmetterlings – in dir trugst, wirst du nun, was du dir vorstelltest. Du visionierst dich in den nächsten Seinszustand. Sei dort! Jetzt!

Erstmals blickst du durch die Augen des Schmetterlings. Projiziere nun diese Vision in den zeitfreien Raum. Du bist nicht mehr an die Zeit gebunden! Deine Rolle ist jetzt, dieses Bild für alle Menschen und für alles, das du tust, mit zu erschaffen und zu verkörpern. Spüre die prickelnde Freude in dir!

Tue nur noch, was dich weiter entfaltet und befreit. Dann stellt sich ein neues Gleichgewicht in deinem Leben ein. Das Innere steht an erster Stelle. Dies bewirkt eine neue Struktur, als Verwurzelung und Schwerpunkt deines Handelns. Das Innere wird zum Antrieb für das Äußere – es ist dein Energiezentrum im schöpferischen Prozess. Du hast darum gebeten. Jetzt erfährst du es.

50

Nun bist du zu MIR nach Hause gekommen.

ICH werde dich niemals verlassen. Wann immer du im Schmerz bist, wenn du in dir namenlose Sorge, zwanghaften Antrieb und Furcht fühlst: Halte ein, atme, und ICH werde dein erregtes Ich beruhigen. Mehr noch: ICH werde MEINE Gegenwart erstrahlen lassen. Da ICH nun die Führung in deinem Sein innehabe, werde ICH die Initiative ergreifen. ICH werde zu dir kommen. ICH werde dich zu MIR heraufatmen, auf dass deine Schwere zu MEINER Leichtigkeit wird; deine Furcht findet Ruhe durch die Vereinigung mit MIR.

Dafür stehe ICH ein, ICH, dein Universales Selbst!

51

Das Versprechen erfüllt sich
für alle, denen es gegeben wurde.

In dir pulsiert das wunderbare Versprechen, ein Homo universalis zu werden. Die Bedeutung dieses Versprechens einer höheren Macht – dessen Essenz und Ursprung – motiviert dich zu dieser heiligen Reise der bewussten Evolution des Selbst.

Vergegenwärtige dir das Versprechen, was du werden sollst. Verspüre das unwiderstehliche, in dir aufsteigende Potenzial einer vollständigeren Verwirklichung.

Das Versprechen wurde angeboten, und es wird für alle, die zum inneren Potenzial «Ja» sagen, erfüllt werden durch den Großen Schöpfungsprozess.

52

Das Gelingen ist allen gewiss,
deren Bewusstsein sich im Wandel befindet.

Es ist die Richtung der Evolution. Es ist die Intention der Schöpfung, des Antriebs der Lebenskraft, der sich entfaltenden impliziten Ordnung. Richte deine Aufmerksamkeit auf dein Universales Selbst. Erschaffe eine Aura der Stille um dich.

Lasse deinen ich-bewussten Geist ganz im Geist des Gottesbewusstseins aufgehen. So wirst du das Wirken einer Großen Kraft in deinem Leben erfahren.

Jedermann ist gerufen an seinen Platz, denn die Stunde der Geburt steht bevor. Du darfst den Früchten deines derzeitigen Tuns absolut vertrauen.

Evolutionäre Affirmationen

Ich bin die feste Mitte einer sich drehenden Spirale.

Ich bin ein universaler Mensch.

Ich bin Ausdruck des unendlichen Bewusstseins.

Ich bin ein Vollständiges Wesen.

Ich bin eine Mitschöpferin, ein Mitschöpfer.

Evolutionäres Wörterbuch

Evolution ist naturgemäß beispiellos. Sie erschafft radikale Neuartigkeit und lässt neues Leben entstehen: Überall tauchen neue Begriffe und Wendungen auf. Viele davon lassen sich nicht einmal in den besten Wörterbüchern nachschlagen. Da wir uns in einer neuen Situation befinden, entwickeln wir für die Beschreibung unserer Erfahrungen eine evolutionäre Sprache. Dies ist eine wesentliche Aufgabe.

Akasha-Feld
Hypothese und Erfahrung, dass sich das Universum seiner selbst erinnert, dass jede Handlung registriert und einem höheren Bewusstsein zugänglich ist. Aspekt des ortsungebundenen Universums, spontan und zeitfrei, in sich verbunden; das Feld, «welches das Universum informiert». Hinter der sichtbaren Wirklichkeit besteht ein alles verbindendes, Informationen speicherndes und vermittelndes Feld, im Osten «Akasha-Feld» genannt. «Die Akasha-Chronik ist die dauerhafte Aufzeichnung jedes vergangenen und zukünftigen Geschehens in Raum und Zeit.» (Ervin Laszlo: Der Akasha-Code. Wie das kosmische Bewusstseinsfeld uns beeinflusst.)

Bewusste Evolution
Die Evolution der Evolution von unbewusster zu

bewusster Wahl. Die Gelegenheit für Menschen, bewusst am Prozess der Schöpfung mitzuwirken; jetzt erwachend, wo wir Menschen Fähigkeiten gewinnen, um zu zerstören und zu kreieren, durch eine Macht, die wir gewohnt waren, den Göttern zuzuschreiben. Das Erlernen weiser und ethischer Bewusstseinsevolution, persönlich und gesellschaftlich, ist die unerlässliche Voraussetzung für das Überleben als Spezies und die Verwirklichung unseres Potenzials. Die uns bevorstehenden Krisen werden uns entweder in die Transformation oder in Devolution und Selbstzerstörung führen. > Universale Menschen lernen, die Evolution zu SEIN; anzustoßen wie auch sich anstoßen zu lassen.

BEWUSSTSEINSKRAFT
Dynamischer Aspekt der reinenWahrnehmung, die alles Seiende belebt; durchdrungen von Willenskraft, fortschreitend und gerichtet, unablässig nach immer umfassenderem Bewusstsein und der Verwirklichung größeren Potenzials strebend. Jetzt ins menschliche Bewusstsein einbrechend, wo sich das «Supramental» in den mentalen Bereich herabsenkt, hinführend auf die «Vergöttlichung» des Menschen als erkennendes (gnostisches) Wesen.

CHRISTUS-BEWUSSTSEIN *(Anmerkung des Übersetzers)*
Wenn Jesus durch die Erfahrung von «Ich und der Vater sind eins» (Johannes 10,30) vom Menschensohn zum Christus wurde, sehen wir darin aus

transreligiöser Sicht jene entscheidende Bewusstseinserweiterung, die aus dem Homo sapiens den mit seinem Ursprung vereinten Homo universalis macht. Diese in ihrer Wirkung radikale Transformation ist jedem danach strebenden Menschen zugänglich, ungeachtet seiner religiösen oder kulturellen Zugehörigkeit. Die Verwendung des Christus-Begriffs durch die Autorin ist in diesem Sinne transkonfessionell zu verstehen.

Christusfähigkeiten

Neue, durch radikale evolutionäre und spirituelle Praktiken entwickelte physische Fähigkeiten, das und mehr bewirkend, was im Christentum Jesus zugeschrieben wurde: jungfräuliche Geburt, Heilen, Erschaffen von Fülle, Auferstehung von den Toten, Verlassen der Erde in lebendem Zustand, holographische Bilder, Teleportation, durchgängiges Bewusstsein, Erschaffung eines neuen Körpers etc. – alles Gaben, um aus dem Zustand des > Christus-Bewusstseins eine neue Spezies zu erschaffen.

Christusselbst

Feld, in dem das > Universale Selbst noch vollständiger erfahren werden kann; es öffnet jenen, die ihr Selbst entfalten, ein evolutionäres Fenster.

Erwachen der Berufung

Das Erwachen der Kreativität als Gabe zur Erfüllung des Lebenssinns; oft wird sie durch die

Anziehungskraft der Kreativität anderer angeregt. Entspricht der sexuellen Erregung auf einer subtileren Ebene: statt die Gene zur Zeugung eines Kindes zu vereinigen, suchen die von ihrer Berufung Erregten die Vereinigung mit dem Genie anderer, um daraus ein vollständigeres Selbst-Potenzial und dessen Wirksamkeit in der Welt zu gebären. Ein Aspekt von > Suprasex: die Evolution der Sexualität in Ko-Kreativität.

Essenzielles Selbst

Seelenfrequenz, inneres bzw. höheres Selbst, die innere Führung. Göttliches Selbst in jedem Individuum, mit durchgängiger Bewusstheit jenseits des gegenwärtigen Lebens, das jetzt, im dringlichen Übergang des Planeten, bereit ist, ganz in uns einzutreten, als unsere persönliche Essenz.

Evolutionäres Bewusstsein

Eine sich aus dem zunehmenden Gewahrsein der bewussten Evolution manifestierende dreifache Wahrnehmung. Erster Aspekt ist nonduales Bewusstsein, auf die reine Wahrnehmung nach innen gerichtet: Gott, Brahman, unveränderlich, ewig.

Zweiter Aspekt ist das Gewahrsein des Schöpfungsprozesses, vom Ursprung des Universums bis hin zu jeder und jedem von uns, jetzt. In unseren Genen sind alle vorangegangenen Generationen enthalten. Wir selbst sind das Universum, wie es

in uns und durch unser Mitschöpfertum lebendig wird.
Dritter Aspekt sind Wunsch und Dringlichkeit, bewusst und als Mitschöpfer in der Geschichte der Schöpfung mitzuwirken; unsere einzigartige Kreativität verwirklichend, indem unser eingeborener Genius sich in Projekten manifestiert, die uns und unsere Welt transformieren.

Evolutionäre Codes

Dem Universalen Menschen eingeborene zur Erweckung bereite Potenziale, die durch evolutionäre Meme (z.B. Gedankenimpulse) aktiviert werden können; oder durch Konzepte, die latente Fähigkeiten durch Resonanz, bewusstes Denken und Intention anregen; «Meme aktivieren Gene».

Evolutionäre Frau

Die weibliche Mitschöpferin; sie verkörpert den ihr als kreative Leidenschaft innewohnenden schöpferischen Impuls des Universums. Sie entfaltet sich bewusst hin zum Selbst und strebt danach, ihr ganzes Potenzial zum Wohl des Selbst und der ganzen menschlichen Gemeinschaft einzusetzen.

Evolutionärer Kreis

Zusammensein im Zeichen des Universalen Selbst von zwei oder mehr zukunftsbereitenden Seelen; mit dem Ziel, die Resonanz zu vertiefen und das Ganze Wesen jeder Person zu kultivieren. Ein

Raum für die Offenbarung des Entwicklungsweges; eine Umgebung für die Entwicklung evolutionärer Sakramente und Rituale evolutionärer Spiritualität sowie der impliziten Ordnung der Evolution.

Evolutionärer Mann

Pendant zur > evolutionären Frau. Der im Patriarchat aufgewachsene Mann befreit sich vom Drang zu dominieren, indem er den Zugang zum eigenen essenziellen Selbst findet und sich seiner einzigartigen Kreativität hingibt. Er sucht die mitschöpferische Partnerschaft, auf gleicher Augenhöhe, mit anderen.

Evolutionäre Spiritualität

Die Erfahrung, unserer kreativen Leidenschaft aus dem Kern der Spirale gewahr zu werden, sowie der Fähigkeit, ein größeres Lebenspotenzial in und über uns hinaus zu verwirklichen. Der schöpferische Impuls wird in uns als Leidenschaft zur Entfaltung bewusst, ausgerichtet auf die Kraft des Bewusstseins und diese inkarnierend. Evolutionäre Spiritualität entsteht aus dem gleichzeitigen Gewahrsein der Evolution des Bewusstseins und dessen bewusster Entfaltung. Sie ist die gemeinsame Frucht aller mystischen Traditionen, die den Weg des direkten Zugangs zur göttlichen Dimension und die Ahnung eines kommenden Seinszustandes vorbereitet haben: Himmel auf Erden,

Neue Erde, Neues Jerusalem, Paradies. Sie erfüllt unsere Sehnsucht nach der Vereinigung mit dem Göttlichen; nun nicht mehr als Kinder, sondern als Mitschöpfer, Miterben – als bewusste Evolutionäre.

Fremder Attraktor

(auch: chaotischer Attraktor)
«Ein im Gleichgewicht befindliches System ist schwierig zu verändern; wenn es jedoch aus der Ordnung fällt, wird ein Wandel leichter und schließlich unvermeidbar. An diesem Punkt vermag ein geringstes Element kohärenter Ordnung das gesamte ungeordnete Gebilde in eine neue Ordnung zu bringen. Die Richtung des Wandels hängt von der Art des fremden oder chaotischen Attraktors ab, der das Chaos in seine neue Ordnung führt. Hat der Attraktor dämonische Qualität, wird sich der alte Zyklus einfach wiederholen (oder gar in eine tiefere Ordnung regredieren; der Übersetzer). Hat jedoch der fremde Attraktor höhere bzw ‹göttliche› Qualität, wird die neue Ordnung von entsprechender Natur sein.» (Joseph Chilton Pearce: *Die Biologie der Transzendenz*)

Garten der Ko-Kreativität

Der mythische Neue Garten. Im Ersten Garten, dem Garten Eden, waren wir als Kinder Gottes enthalten. Die Schöpfungsgeschichte berichtet über die Vertreibung aus dem Paradies nach Evas Griff nach dem Baum des Lebens – dem Baum der Unsterblichkeit und der Macht Gottes. Im Zuge der Evolution und im Lauf der Jahrtausende verlor sich in unserer Spezies der Hunger nach der Vereinigung mit Gott. Als Homo sapiens sapiens haben wir uns über Äonen hinweg auf der evolutionären Reise bewegt und uns dabei, unsere Individualität entdeckend, von der Natur, den Mitmenschen sowie vom Göttlichen abgespalten. Jetzt jedoch entscheiden sich junge Universale Menschen, ungeachtet ihrer Herkunft, die göttliche Dimension als ihre eigene Essenz zu inkarnieren. Die weibliche Mitschöpferin, die evolutionäre Eva, tritt hervor, als Führerin in die nächste Ebene der Evolution. Evolutionäre Frauen und Männer überschreiten gemeinsam die Schwelle vom Land der getrennten Menschheit zum Garten des Mitschöpfertums und kehren zu «Gott» als die ihnen eigene Essenz und ihr Entwicklungspotenzial zurück. Der mitschöpferische Garten ist ein «Kindergarten für die Sprösslinge Gottes» – ein mythischer Raum, wo junge Universale Menschen lernen, zu reifen, mitzuschwingen und gemeinsam eine Neue Welt zu erschaffen. In diesem Garten steht der Baum des ewigen Lebens. Wir Menschen haben wohl göttliche Kräfte erworben, doch sind wir noch keine weisen Götter. Hier, im Neuen Garten lernen junge Universale Menschen, ihre neuen Kräfte weise zu lenken, ethisch und voller Liebe für die Evolution des Bewusstseins der Spezies und allen irdischen Lebens. An diesem Ort der zweiten Genesis erwerben wir die Fähigkeit, Mitschöpfer zu sein, im Einklang mit der Natur und dem > Großen Schöpfungsprozess

Gott

Ursprung allen Seins, vereinigtes Feld, Brahman, Geist des Kosmos, höchste Wirklichkeit.

Grosser Schöpfungsprozess

Der evolutionäre Aspekt Gottes oder die Universale Schöpferkraft. Das Wirken Gottes in der Natur, in naturhafter Weise, sich als Selbst im menschlichen Bewusstsein erfahrend; als Begehren und Impuls, sich nach den tieferen Mustern der Schöpfung auszurichten. Die Entfaltung der Kraft des Bewusstseins, des Kerns der Spirale, der impliziertten Ordnung.

Homo Universalis

Die nächste evolutionäre Ebene der menschlichen Spezies, in der Folge von Homo habilis, Homo erectus, Homo Neanderthal, Homo sapiens, Homo sapiens sapiens. Auch: Homo noeticus, Homo spiritus, Homo novus, Homo sapiens sapiens sapiens, gnostischer Mensch, Ultra-Mensch.

Ich (getrenntes bzw. bedingtes Ich)

Die egoische Persönlichkeit; verantwortlich für das physische Überleben in der materiellen Welt. Sie leidet, bedingt durch die Illusion des Getrenntseins von der Quelle ihres Wesens. Gleichzeitig ist das intakte Ich die wesentliche und einzigartige Schnittstelle, durch die sich die essenzielle Natur eines Individuums in der Welt auszudrücken vermag.

Implizierte Ordnung
Die verborgene, dem Universum zugrunde liegende Ordnung, aus der sich sämtliche äußere Phänomene und Erfahrungen manifestieren. Jegliches äußere Geschehen in Raum und Zeit ist auf sie zurückzuführen. Ein grenzenloses Ganzes, das sich, gleich einem evolutiven Puls, immerzu verhüllt und neu entfaltet.

Inneres Kloster für Bewusste Evolution
Der vollen Verkörperung des Universalen Menschen gewidmeter innerer Raum; Ort der Erweckung des Kerns der Spirale in unseren Herzen; unserer eigenen Motivation zur Entfaltung. Auch geheiligter äußerer Raum, der sich aus dem neuen Narrativ der > Kosmogenese und unserer Teilhabe am > Großen Schöpfungsprozess entfaltet: als Ort der Begegnung und > Kommunion für die Gemeinschaft zukunftsbereitender Seelen.

Kommunion zukunftsbereitender Seelen
Universale Kommunion ist weder eine Religion noch eine Organisation. Sie ist ein morphisches (formbildendes) Feld, aus dem, wo immer zwei oder mehr Menschen sich im Feld der Resonanz

und der Bewussten Evolution versammeln, die nächste Ebene der Evolution hervortritt. Universale Kommunion verbindet uns in spontaner Resonanz augenblicklich in Intimität und Liebe.

Kosmogenese

Prozess der Entstehung und der Evolution des Kosmos, vom Ursprung bis zur Gegenwart und darüber hinaus.

Makro-Shift

Großer Übergang als Ganzes des aus dem Gleichgewicht gefallenen globalen Systems; entweder in rasche Devolution und Desintegration oder, durch Synergie, in eine höhere, differenziertere und harmonischere Ordnung. In der chaotischen Phase des Ungleichgewichts können winzige Einflüsse das gesamte System beeinflussen und zum Kippen bringen. «Kleine Inseln der Kohärenz vermögen das ganze System in eine höhere und harmonischere Ordnung zu ziehen» (Ervin Laszlo).

Menschlicher Körper

DNA von 200 Milliarden Kilometern Länge mit 80 Billionen Zellen kooperieren und kommunizieren mit Lichtgeschwindigkeit im menschlichen System; kohärent mit dem Universum; die Erinnerung der gesamten Evolution, vom Ursprung des Universums bis zum gegenwärtigen Augenblick und darüber hinaus in sich tragend; empfänglich für Gedanken und Intentionen; bereit, sich mit den menschlichen Bewusstseinskräften und den evolutionären Anwendungen von Wissenschaft und Technologie zu entfalten, hin zu einem sich ständig weiter entfaltenden Leben in einem mehrdimensionalen Universum.

Menschliche Kreatur
Aktuelle Spezies des seines evolutionären Potenzials noch nicht bewussten Homo sapiens sapiens. Bezogen auf die animalisch-menschliche Natur der Person.

Mitschöpferische Gesellschaft
Durch mitschöpferische Menschen entwickelte Gesellschaft, in der jede Person frei ist, ihr Bestes zu tun und zu sein.

Mitschöpferischer Mensch
Sein Selbst entfaltender Mensch, der zum Universalen Menschen wird; ein Ganzes Wesen, das sich mit dem Impuls der Evolution verbindet – der Quelle der Schöpfung –, um aus Leidenschaft zu kreieren und dadurch über die Entfaltung des Selbst und der Welt zu lernen.

Noosphäre
Aus Geosphäre, Hydrosphäre und Biosphäre ist die Noosphäre hervorgegangen: als «Denkschicht» der Erde. Die Entwicklung begann mit der menschlichen Sprache und der Fähigkeit, über die Grenzen unserer Sippe hinaus zu kommunizieren. Die

Noosphäre besteht aus der Vereinigung von Bewusstsein, Kulturen, Technologien und Systemen der ganzen Menschheit, als lebendiger Super-Organismus von fast unendlicher Macht, mit sowohl zerstörerischem wie schöpferischem Potenzial. Die Noosphäre dehnt sich in Richtung immerzu umfassenderer Integration bis zum Erreichen des «Omega», dem Zusammenfinden einer kritischen Menge von Menschen – Herz zu Herz, Kern zu Kern – zum kollektiven Aufstieg zu Universalem Bewusstsein (oder Liebe). (Teilhard de Chardin)

Persönliche Essenz
Inkarnation des Essenziellen Selbst, als umfassende Erfahrung und Verkörperung unseres wahren Wesens.

Pfad des Mitschöpfers
Zu unserer Emergenz als universale, unseren einzigartigen Lebenssinn ausdrückende Menschen führender Entwicklungspfad; im Einklang mit dem evolutionären Sog zu höherem Bewusstsein und wachsender Freiheit in einer differenzierteren und synergistischeren Ordnung.

Planetarisches Erwachen
«Quantensprung» des Bewusstseins in der Erfahrung einer kritischen Anzahl von Menschen; global und als Ausdruck eines vereinigten planetarischen Bewusstseins. Die Einzelnen erkennen sich als

verbunden im gemeinsamen Schicksal und in umfassender Liebe, als Glieder eines ganzen, in die nächste Phase der Evolution übergehenden planetarischen Organismus.

Regenopause

Die bio-evolutionäre Zäsur, gekennzeichnet durch die längere Lebensdauer der Frauen und ihre abnehmende Kinderzahl, während gleichzeitig die wachsende Menschheit die Grenzen der Tragfähigkeit des Planeten erreicht. Es geht um den Übergang von maximaler Reproduktion zu Ko-Kreation, von Fortpflanzung zu Evolution des Selbst. Der Selbst-Ausdruck durch selbst gewählte Arbeit bedeutet eine Wende im Lebenszyklus der Frau. Wenn die Eierstöcke der post-menstrualen Frau ihre Produktion einstellen, wird sie so zum fruchtbaren Feld für die Geburt ihres eigenen Selbst und dessen umfassenden Potenzialen. Mit dem Schwinden der körperlichen Fruchtbarkeit wachsen Spiritualität, Kreativität sowie der Wunsch an der Erneuerung des weiblichen Potenzials mitzuwirken: zu ihrem Hervortreten als Mitschöpferin, als evolutionäre Frau.

Resonanzfeld

Feinstoffliches Feld, das durch die Schwingungsbeziehung zwischen zwei und mehr Essenziellen Selbsten entsteht und erhalten wird. Fühlbare subtile Präsenz. Durch den Austausch höherer Frequenzen konstelliertes morphisches Feld. Bildung einer harmonischen und dem bewussten Zugang offenen, stehenden Welle entlang des Erdumfangs (Schumann-Resonanz). Auf das > Akasha-Feld eingestimmtes Feld, das essenzielle Informationen spontan kommuniziert und das vom höheren Bewusstsein wie auch vom tieferen Wesen erfahren wird.

Spätphase des Übergangs
Die gegenwärtige Situation, wo sich problematische Entwicklungen beschleunigen und die fatalen Möglichkeiten sich vermehren. Das Zeitfenster für fundamentalen Wandel innerhalb unserer Lebenszeit.

Selbst-Evolution
Während die Selbst-Entwicklung der Verbesserung des Homo sapiens sapiens diente, geht es bei der Selbst-Evolution um die Geburt einer neuen Spezies. Das Resultat dieser Entfaltung ist nicht absehbar, da wir noch kein vollkommenes Vorbild für die potenzielle Transformation je gesehen haben. Die Evolution des Selbst verheisst eine ganz neue Ebene: Was wird sein, wenn die Noosphäre, das denkende Bewusstsein des Planeten, reift und wir lernen, die uns zugewachsenen neuen Kräfte für die Evolution unserer ganzen Spezies einzusetzen – beginnend mit dem Leben auf der Erde, dem Leben im Sonnensystem und schließlich in den Galaxien? Selbst-Evolution bedeutet den Geburtsprozess des Universalen Menschen sowie der Universalen

Menschheit; ein unbekanntes, noch nicht vermessenes Territorium, das noch kein Homo sapiens sapiens je betreten hat.

Die sieben S

Sieben soziale Technologien im ko-kreativen Prozess:

1. Syntonie: Einstimmung auf die kreativen Muster, die wir als innere Motivation und Intuition erfahren können.
2. Synergie: Vereinigung verschiedener Teile, um ein Ganzes zu bilden, das in nicht voraussehbarer Weise anders und mehr ist als die Summe seiner Teile.
3. Synchronizität: Äusserlich nicht wahrnehmbare und doch sinnhafte Beziehung zwischen verschiedenen Ereignissen. Vom menschlichen Willen nicht planbare Zufälle, die aus einem größeren und umfassenderen Plan zu fließen scheinen.
4. Suprasex: Durch das > Erwachen innerer Berufung erregte Leidenschaft, sich durch die eigene unverwechselbare Kreativität auszudrücken – als transformierte Form sexueller Erregung. Anstelle der Vereinigung von Genen zur Fortpflanzung vereinigen wir Genien zur Ko-Kreation: um unser größeres Selbst und sein Wirken in der Welt zu gebären.
5. Syntropie: Der Natur innewohnende Tendenz zur Bildung ganzheitlicher Systeme von zunehmend höherer Komplexität, höherem Bewusstsein und größerer Freiheit. Tendenz der Evolution zur Optimierung.

6. Spontaneität: Erfahrung nicht vorausgesehenen Handelns und Denkens. Natürlich fließendes Handeln, ohne zu denken oder zu planen: punktgenau, das Leben fördernd und ordnend.
7. Selbst-Kreativität: Natürliche Tendenz zur Selbstorganisation; Autopoese; der Natur innewohnende Fähigkeit, sich ohne sichtbare äußere Einwirkung selbst zu organisieren, als Ausdruck des Feldes Universaler Intelligenz, aus dem sich alles manifestiert.

Soziale Synergie
Prozesse, die unabhängige Gruppen, Projekte und Menschen zusammenführen, um sich in Kooperation zu verbinden und ihren Sinn so besser zu erfüllen als mittels Gegnerschaft und Dominierens. Bildung ganzheitlicher sozialer Systeme, die größer und wirksamer sind als die Summe ihrer Teile. Methode erleuchteten Eigeninteresses, die unserer Spezies dazu verhilft, aus der Phase des Raubbaus an der Erde in eine neue Ebene vereinigender Kooperation zu wechseln. > SYNCON-Prozess als Beispiel sozialer Synergie.

SYNCON-Prozess
SYNCON steht für synergistische Konvergenz. Ein Findungsprozess, der sämtliche Bereiche der Gesellschaft zusammenbringt, um im Licht der am Saum der Evolution hervortretenden Fähigkeiten gemeinsame Ziele zu lokalisieren sowie die entsprechenden Bedürfnisse und Ressourcen abzu-

stimmen. SYNCON wird derzeit, nach vielfacher Bewährung in den 70er Jahren, aktualisiert und adaptiert als Trainingsprogramm für die Begleitung von Prozessen sozialer Synergie.

Telerotik
Erotische und leidenschaftliche Anziehung durch den Telos, unsere höhere Bestimmung, unser letztes Ziel oder Ideal: als Sog zur Verwirklichung des vollständigen Potenzials der Menschheit und des irdischen Lebens.

Transformationsphase
Seit 1945 bis heute und weiterhin. Verbleibende Zeit, um uns mit der planetarischen Ökologie zu koordinieren: Stopp von Übervölkerung, Pollution und Einsatz von Massenzerstörungswaffen. Versorgung sämtlicher Glieder des planetarischen Körpers mit Nahrungsmitteln. Entwicklung von globaler Sicherheit und Governance. Die kritische Geburtsphase der Universalen Menschheit. Zeit des grossen Übergangs für das ganze, aus dem Gleichgewicht gefallene globale System. Bifurkation, entweder in rasche Auflösung und Zerstörung oder in Evolution und Transformation.

Post-Trans
Die nächste Windung der evolutionären Spirale, nach dem großen Übergang. Nachdem wir fähig geworden sind, unser Wissen umzusetzen, wartet

die neue Intuition oder mystische Enthüllung: Das neue Jerusalem, Paradies, neuer Himmel, neue Erde – wahrgenommen aus einer evolutionären Perspektive; nicht mehr als Leben nach dem Tod, sondern als neues Leben, über die gegenwärtige Lebensphase hinaus. Beginn unserer Existenz als Homo universalis, mittels unserer vereinigten spirituellen, sozialen sowie wissenschaftlich/technologischen Fähigkeiten; als lernende Mitschöpfer in der Universalen Dimension, einem Universum von Milliarden und Abermilliarden Galaxien.

Prä-Trans

Die Phase vom Auftauchen des Homo sapiens – Ursprung des selbst-reflektierenden Bewusstseins – beginnend vor 25 000–40 000 Jahren bis ca. 1945, als mit dem Abwurf der ersten Atombombe über Japan bisher den Göttern vorbehaltene, menschliche Kräfte der Zerstörung und Ko-Kreativität manifest wurden.

Universale Menschheit

Durch Universale Menschen geschaffene Zivilisation. Manifestation der harmonischen Integration unserer spirituellen, sozialen und wissenschaftlich/technologischen Fähigkeiten. Emergierende Spezies, geboren aus der derzeitigen Menschheit, fähig zur Ko-Evolution mit der Natur und als Mitschöpfer des Geistes – auf der Erde wie im uns enthaltenden Universum.

Universales Selbst

Lichtkörper. Aufgestiegenes Selbst, das die Schlüssel der nächsten Ebene der Evolution des Individuums in sich trägt. Fähig zur Materialisierung und Entmaterialisierung, durchgängige Bewusstheit, fähig durch das raumfreie Universum zu schwingen. Die fortgeschrittene Erfahrung einer neuen Spezies, post-transformational, post-Homo sapiens sapiens: Der Homo universalis wurde früher im Antahkarana, oberhalb des Kopfes erfahren, als das Höhere Selbst oder als aufgestiegene Meister wie Christus. Jetzt, während der dringlichen Umwandlung, kann das Universale Selbst den sich entfaltenden Menschen erscheinen, die ihre Identität vom Ich zur Essenz verschoben haben und bereit sind, sich mit den Schwingungen des herabsteigenden Universalen Selbst zu vereinigen. Dieses Selbst erhebt den erdgebundenen Menschen zu seiner vollen Inkarnation als Universaler Mensch.

Vollständiges Wesen

Universaler Mensch. Vollständig entfaltetes Selbst mit gefestigtem Bewusstsein, das sämtliche Ebenen und Potenziale des Selbst aus dem Quantenfeld aller Möglichkeiten integriert hat: physische, vitale und emotionale Körper, Ich-Bewusstsein, persönliche Essenz, Essenzielles Selbst und Universales Selbst – sowie die großen Avatare und lehrenden Meister, die uns am meisten anziehen.

Zukunftsbereitende Seelen

Für die – sich an der Grenze von Bewusstsein und Kreativität offenbarenden Potenziale – empfängliche Seele. Motivation und Bereitschaft, die gegenwärtigen Grenzen der menschlichen Erfahrung zu überschreiten. Sehnsucht nach Universaler Kommunion und Einstimmung auf die neu sich offenbarende Weisheit, um diese zu empfangen, zu beleben und zu stabilisieren.

Michael A. Singer, (*Die Seele will frei sein)* erzählt seine Biografie. Vom meditierenden Hippie zum Boss eines großen IT-Unternehmens und schließlich zum Autor eines spirituellen Bestsellers, stets geleitet von der Frage: «Mein Leben, wohin führst du mich heute?»

Michael A. Singer:
Das Experiment Hingabe.
Gebunden, 317 Seiten, € 23.–

Steven Harrison:
Und jetzt?
Die Frage auf die
Antworten des Lebens
Geb, 227 S. € 19.–

Mario Mantese:
Die Welt bis Du
Perlen der Liebe
Kart., 97 S. € 8.–

Visionäres von Edition Spuren   www.spuren.ch